三尻中・鉄板の学年

朝の黒板

2008年度 全担任の取り組み

田中 茂・ほか【著】

悠光堂

2

は じ め に

どこの学校でも入学式や学期始めに、新しく教室に入ってくる生徒に向けて歓迎やこれから頑張ろうというメッセージが、黒板に書かれることが多いと思います。

新1年生を担当し、登校の様子を見に各教室を見回っていると、2日目の全教室に子どもたちへのメッセージが書いてありました。3日目も、4日目も続きました。さらに、1週間、2週間と続きます。(正確に言うと、毎回全員ではありませんが、2日連続忘れた教室はありませんでした) 私は毎日、朝の黒板を見るのが楽しみになりました。

黒板に書いたものは次の授業のために消されてしまう運命にあります。朝の黒板も例外ではありません。朝の黒板には「ふーん」と思ったり、「なるほど」、「フフ」と思う、世界の偉人にも勝るとも劣らぬ名言(迷言?)や金言(禁言?)がありました。これが跡形もなく消えてしまうのは、本当にもったいないと思いました。思いつくのが遅かったのですが、それからは記録に残そうと、毎朝カメラを持って教室に向かいました。「書いた本人に写真を記録としてあげよう」これが最初の動機でした。学年末、まとまった写真を見ると、「結構参考になるな……特に若い先生には、教育実践への貴重なヒントがたくさんあるんじゃないか」と気づかされました。

また、周りからは「若い先生のために本にしたら」と勧められました。「黒板に書かれた文言だけでなく、その背景や先生の気持ちも記せば、一般の方にも学校をより理解していただけるんじゃない」という助言もいただきました。

そこで、上に黒板の写真、下に解説文という絵日記風の構成を考えました。黒板の文言は写真から読み取り、その文言が発せられた書き手の心情や背景は、解説文から読み取る、というスタイルで絵本や詩集を読む感覚で、見て(読んで)いただければ幸いです。

なお、黒板の文言は、忙しい日常のなかで書いたので、誤字脱字については不問とさせていただきたくお願いいたします。また、解説文は田中にすべて文責があることも併せてご承知おきいただけたら幸いです。

原稿を書き進むうち、「教職員以外の方に、今の学校の置かれている状況や先生方の苦労、生徒の頑張りを理解していただくことに、これが少しは役に立つかもしれない」と思うようになりました。この本が、学校を少しでも良くし、よりよい子どもたちの成長の一助になることを願い、「はじめに」とさせていただきます。　〈田中〉

朝の黒板・目次

はじめに ………………………………… 3
先生紹介 ………………………………… 6

APRIL
4月 **さぁ、新しい生活が始まります！** ……… 7

Column 三尻中●四方山話
校章の由来 ………………………… 20

MAY
5月 **五月病なんかに負けないで！** ………… 21

Column 三尻中●四方山話
隠れ校章を知っていましたか？ ……… 52

JUNE
6月 **体育祭に向けてヒートアップ！** ……… 53

Column 三尻中●四方山話
小間山 ……………………………… 86

JULY
7月 **夏休みまであとひと頑張り……** ……… 87

AUGUST
8月 **充実した夏休みを！** ………………… 103

Column 三尻中●四方山話
三尻中の生徒が減らないのは何故 ……… 106

SEPTEMBER
9月 **さぁ、夏休み気分一新だ！** ………… 107

4

OCTOBER
10月 新人戦、合唱コンクールへGO！ 123

Column 三尻中●四方山話
改革元年 144

NOVEMBER
11月 霜月は地道にコツコツ…… 145

DECEMBER
12月 師走でもせめて速足歩きで…… 155

JANUARY
1月 気持ちも新たに…… 163

Column 三尻中●四方山話
住所は三ケ尻なのに三尻中？ 178

FEBRUARY
2月 スキー林間の成功へ！ 179

Column 三尻中●四方山話
電波時計（卒業記念） 192

MARCH
3月 1年を振り返り進級準備です！ 193

おわりに 221

先生紹介

1組：根本 恵美子 先生（体育）
内心日に焼けるのが嫌いだし、お肌に悪いと承知しているのに、顔の黒さが教育実践のバロメータと確信している、学年のマドンナ体育教師。

2組：岩本 浩美 先生（英語）
家ではお母さんのためにご飯炊きからお掃除まで何でもこなす頼りになるシンデレラ娘2人がいる、生徒たちのお母さん的存在の英語教師。

3組：中川 智行 先生（理科）
本採用になって初めての担任、指導では生徒たちの心の奥底まで揺さぶらないと教師として一人前でないと信じて疑わない理科教師。

4組：橋本 久江 先生（数学）
担任を離れて幾年月、もう担任は無いと思っていたのに、学校の事情で頼まれ久しぶりの担任を引き受けた、学年職員のお母さん的存在の数学教師。

5組：黒澤 正之 先生（社会）
郵便局員を経て警察官となったが、子どもたちに接し育てる職業が諦めきれず、警察署長の慰留を振り切り、中年で転職したロマンあふれる社会教師。

学年主任：田中 茂 先生（技術）
管理職や教育委員会にはめっぽう強いが、生徒や学年職員たちにはからっきし弱く、全て言いなりになっちゃう技術教師。

April

4月

さぁ、新しい生活が始まります!

1	火	春季休業（〜7日）
2	水	
3	木	
4	金	
5	土	
6	日	
7	月	準備登校
8	火	入学式、始業式
9	水	身体測定（2,3年）
10	木	身体測定（1年）
11	金	生徒会の日
12	土	
13	日	
14	月	学年会
15	火	全校朝会
16	水	心臓検診（1年）
17	木	尿検査
18	金	離任式、尿検査
19	土	
20	日	
21	月	職員会議、耳鼻科検診、尿検査
22	火	学年朝会、球技大会（1年）、全国学力・学習状況調査（3年）
23	水	
24	木	内科検診（1年）
25	金	埼玉県学習状況調査
26	土	
27	日	
28	月	授業参観・学級懇談、ＰＴＡ総会
29	火	昭和の日
30	水	

2008年4月の出来事

パンダのリンリン、天国へ

日本の国民に長年愛され続けた上野動物園のアイドル、雄のジャイアントパンダ「リンリン」が死去。享年22歳と7か月。人間でいうと、70歳を超えるおじいちゃんだった。

日中国交正常化10周年の1982年にフェイフェイが贈られ、20周年の1992年に贈られたのがリンリンだった。

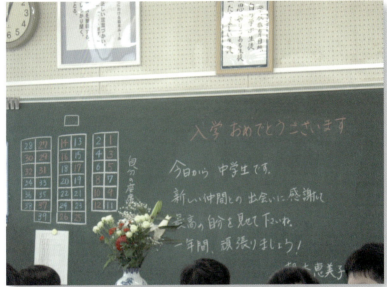

2008年**4**月**8**日（火）
Tuesday

また新年度が巡ってきました。

根本は希望して1年1組の担任になれました。また新しい先生方と学年を組み新しいスタートを切ります。学年の先生方と毎日朝の黒板にメッセージを書こうと話し合いました。どこまで続けられるのか自信はありませんが、今年度の新しい目標にしてやってみようと思います。

新しい生徒たちに、『新しい仲間との出会いに感謝して最高の自分を見せ』るよう願いました。

2008年4月8日（火）
Tuesday

岩本は学年会で2組か4組を勧められた時、「前に4組で学級がうまくいかなかったことがあったので2組がいい」と言い2組にさせていただきました。
新しい学年の出発に際し、生徒ばかりでなく、自分も励ますために月並みだけど
『今日からあなたも中学生、1日1日を大切にして有意義な3年間にしよう！！』

> 四月八日（火）
> 入学おめでとう!!
> 今日の出会いに感謝
> これから始まる中学校生活で、良いことも
> いやなことも、経験するでしょう
> でもそれら全てのできごとを
> みんなでいっしょに
> のりこえていきましょう
> みんなで一緒に
> 楽しんでいきましょう
> 39＋1人でう3組を
> 造っていきましょう
> 　　三組担任
> 　　　中川 智行

2008年 4月 8日（火）
Tuesday

中川は今年新採用なので、5クラス中真ん中の3組がいいと学年会で勧められ、3組になりました。

今まで臨時採用で担任の経験はあったけど、臨採では1年先しか見通せません。初めて中学卒業までの3年間を見据えた実践ができるのでうれしかったので、自然に、『みんなでいっしょにのりこえていきましょう』『みんなで一緒に楽しんでいきましょう』という言葉が出ました。

2008年4月8日（火）
Tuesday

橋本は担任からしばらく離れていたのでもう定年退職まで担任は無いと思っていました。それなのに、今年担任を要請され、学年の先生方にも勧め＆励まされ、不安ながらも久しぶりの担任を決意しました。

子どもたちの気持ちにより添って『大きな喜び』『新しい生活』と書いたつもりでしたが、これは自分の内心だったような気がします『新しい生活』のチョークの色が違うのがまさにそれを物語っています。

2008年4月8日（火）
Tuesday

　黒澤は学年の生活指導担当なので、職員室から教室へ行くまで全部のクラスの前を通れるように、一番奥の5組を希望しました。この学年のスタートに当たり、生活指導担当として三尻中学校をこの学年から生活指導の不要な学校にしたいと決意しました。その願いを『今日から君たちは三尻中学校の一員です』と『仲良く　優しく　元気良く』に託して、新しく入学してきた子どもたちに訴えました。

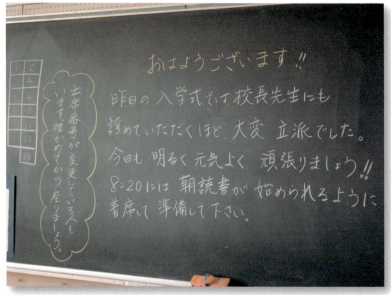

2008年 **4**月**9**日（水）
Wednesday

今年の生徒たちはどんな生徒たちなんだろう？　いい子たちなら良いなと思いつつ迎えた入学式の日でした。

初日の印象は、小学校からの申し送り以上にいい子たちという印象を抱きました。校長先生も「新入生のおかげでいい入学式だった」と評価してくださったので『昨日の入学式では、校長先生にも誇めていただくほど、大変立派でした』と子どもたちに伝えました。

> おはようございます
> きのうの入学式は
> 大変立派にできました。
> 学活での話しの聞き方、
> 作業のし方も合格です。
> 中学生活二日目。
> 今日も一つ一つの事を
> ていねいにやりましょう。

2008年 4 月 9 日（水）
Wednesday

入学式は予想以上にうまくいき、いいスタートが切れました。式そのものばかりでなく教室での様子も良くやっていたので、これから先も頑張ってもらえるように期待して『きのうの入学式は、大変立派にできました。学活での話しの聞き方、作業のし方も合格です』と伝えました。

> おはよう!!
> 昨日は、ゆっくり寝られましたか?
> 色々な事があるけど楽しさを見つけられる人になってください。
> 「おはよう」って元気で言える人になってください
> 何気ない事って実は大切な事が多い
> 大切な事を見失わない人でいてください

2008年 4月 9日（水）
Wednesday

自分も本採用初めての入学式で、緊張し疲れました。
子どもたちも同じだろうと思い『昨日はゆっくり寝られましたか?』という文言が自然に浮かんできました。
学級開きで言った「あいさつが大事」『何気ない事』に『大切な事が多い』ということを再度言わせてもらいました。

> おはようございます
> 昨日は 入学式 お疲れ様でした。さて、今日から中学校生活が本格的にスタートします
> 登校したら
> 着席をし
> 朝読書です
> 慣れるまでは 大変でしょうが みんなでがんばりましょう。
> 「ひとりひとりが一年四組の宝です」

2008年 4月 9日（水）
Wednesday

久しぶりの担任で、子どもたちに接するのに何が大事か改めて考えました。子育ての経験もあり、保護者として担任に何を望んでいただろうかということも考えてみました。
行き着いた結論が『ひとりひとりが一年四組の宝です』という言葉になりました。

17

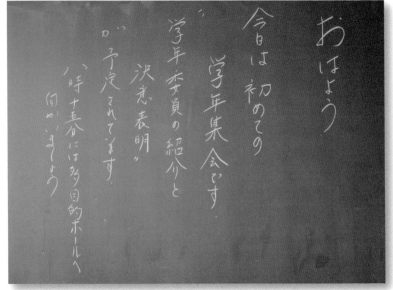

> おはよう
> 今日は初めての
> "学年集会です"
> 学年委員の紹介と
> 決意表明"
> が予定されています。
> 八時十五分には多目的ホールへ
> 向かいましょう

2008年 4月 22日 (火)
Tuesday

　三尻中では火曜日の朝が集会の日に設定されています。月1回第3火曜日が学年集会です。学年集会の運営は、できる限り生徒たちだけで企画運営をさせて、学年の自治能力を育てようというのが、学年教師集団の方針です。
　中学入学後初めての学年集会は失敗させたくない、いや成功させて弾みをつけたいので『今日は初めての学年集会です』と意識づけました。

> おはようございます。
> 今日は、午後ドッヂボール大会があります。初めてクラスの団結力を見せる時がきましたね。楽しみにしていますよ。
>
> 8:10 登校
> 8:15 多目的ホール
>   学年朝会

2008年 4月22日（火）
Tuesday

できるだけ早く子どもたちの自治能力を高めたいのと、クラスとしてのまとまりを作りたいので、早々と生徒運営の学年球技大会を計画しました。たまたま学年集会と同じ日になってしまいましたが、分担して実施することにしました。

担任は行事を利用し『今日は、午後ドッヂボール大会があります。初めてクラスの団結力を見せる時がきましたね。楽しみにしていますよ』と呼びかけました。

Column
三尻中・四方山話(よもやまばなし)

校章の由来

みなさんは、通学した学校の校章の由来を知っていましたか？

　ペンは学舎を意味し、
　　1つは協力和楽、
　　1つは真摯努力、
　　1つは美しく輝かしい学校を想念したものである。
　　3つ輪は、三尻中の頭文字三をとったものである。

ちなみに昭和 22 年（1947 年）に制定されました。皆さんが生まれるずっと前から使われてきた校章です。

May

5月

五月病なんかに負けないで！

1	木	内科検診（2年）
2	金	開校記念日
3	土	憲法記念日
4	日	みどりの日
5	月	こどもの日
6	火	休日
7	水	部活動保護者懇談会
8	木	教育実習打合せ
9	金	教研主任会
10	土	資源回収
11	日	
12	月	家庭訪問（〜16日・1年）
13	火	全校朝会
14	水	
15	木	大滝林間（2年）
16	金	大滝林間（2年）
17	土	資源回収予備日
18	日	
19	月	通信陸上　校内研修、校内人権旬間（〜23日）
20	火	生徒朝会、家庭訪問（1年）
21	水	家庭訪問（1年）
22	木	体育祭係り打ち合わせ、内科検診（3年）、尿検査二次
23	金	生徒会の日
24	土	
25	日	
26	月	職員会議
27	火	学年朝会
28	水	修学旅行直前指導（3年）
29	木	修学旅行（〜31日・3年）
30	金	
31	土	

2008年5月の出来事

中国・四川省で大地震

5月12日午後、中国・四川省でマグニチュード7.9の大地震が発生した。震源地は四川省中部のブン川県。家屋や壁、学校が倒壊して生徒らが生き埋めになるなど、甚大な被害をもたらした。死者の数は、地震発生から1か月後の6月12日までに、8万6,000人となった。

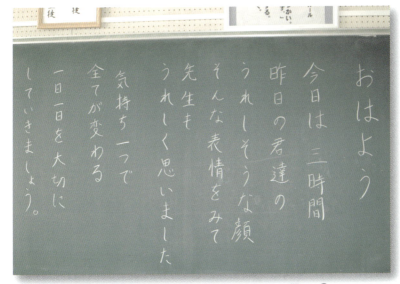

おはよう
今日は三時間
昨日の君達の
うれしそうな顔
そんな表情をみて
先生も
うれしく思いました。
気持ち一つで
全てが変わる
一日一日を大切に
していきましょう。

2008年5月9日（金）
Friday

今日は市内の教師全員が1ヵ所に集まり、各教科・領域の研究部会の年間計画を立てる日です。昨日の帰りの会でそのために短縮授業になることを伝えた時、子どもたちの顔にパッと笑みが浮かびました。
それを取り上げ『気持ち一つで全てが変わる　一日一日を大切にしていきましょう』と呼びかけてみましたが、こじつけだったかもしれません。

> おはようございます。
> 土・日 しっかりと休養できましたか?
> 今日から家庭訪問が始まります。
> しばらく早く帰れる日が続きますが、
> あなたはどのように過ごしますか。
> 中学入学後、1ヶ月の復習も予定に入れましょう。
> 「継続は力なり」です。

2008年 5月 12日（月）
Monday

5月も中旬、いわゆる五月病と言われているものが出てくる頃なので、子どもたちにも休養が必要と思い『土・日しっかりと休養できましたか?』という文言が……
今日から家庭訪問が始まるので、担任の悪い癖で、早く帰った時の子どもが心配で『しばらく早く帰れる日が続きますが、あなたはどのように過ごしますか。中学入学後、1ヶ月の復習も予定に入れましょう』とつい書いてしまいました。

2008年 5月13日（火）
Tuesday

火曜日なので、三尻中学校では朝会の日です。1組は体育館に一番近く、1年生の先頭に立って入場しなければなりません。おまけに担任は体育教師（体育教師だから1組を望んだ）です。

子どもたちも5月になり緊張感が薄れ、少し動きが鈍いところが見えてきました。単刀直入に『今朝は、全校集会です。8:10には、「みしり野」を出て、廊下に並びましょう!』

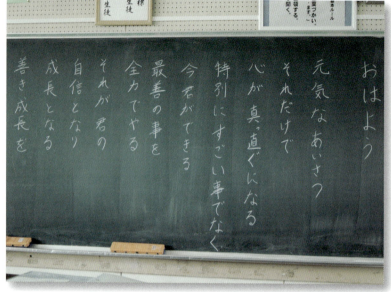

2008年 5月 13日（火）
Tuesday

入学式の日、学級開きで「あいさつが大事」と訴えました。
入学して１ヶ月さらにそのことを解ってもらいたくて……
『元気なあいさつ　それだけで心が真っ直ぐになる　特別に
すごい事でなく今君ができる最善の事を全力でやる　それが
君の自信となり成長となる　善き成長を』

> おはようございます!!
>
> 今日は、「ありがとう」を、いつもより
> たくさん 言ってみましょう。
> お礼の「ありがとう」、感謝の「ありがとう」
> 思っていても 言わないと 伝わらない…
> だから 意識して「ありがとう」

2008年 **5**月**14**日 (水)
Wednesday

忙しさに紛れ、職場でも家庭でも最近コミュニケーション不足を感じています。そんな自分の反省も込めて……
『今日は「ありがとう」を、いつもよりたくさん言ってみましょう』と訴えてみました。

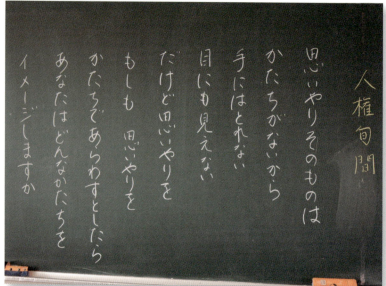

人権旬間

思いやりそのものは
かたちがないから
手にはとれない
目にも見えない
だけど 思いやりを
もしも 思いやりを
かたちであらわすとしたら
あなたはどんなかたちを
イメージしますか

2008年 5月 14日（水）
Wednesday

人権旬間が始まりました。人権旬間で扱うテーマはいろいろありますが、そのなかに『思いやり』があります。『思いやり』について生徒に考えてもらいたくて、『もしも思いやりをかたちであらわすとしたらあなたはどんなかたちをイメージしますか』と訴えてみました。あとで授業のなかでどんなイメージをしたか聞いてみようと思います。

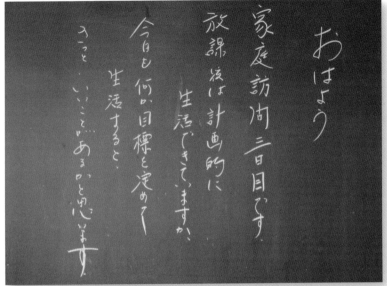

2008年5月14日（水）
Wednesday

今日は家庭訪問3日目です。三尻中では家庭訪問は1年生だけ行うことになっています。1年生は短縮授業ですが、2・3年生は午後も通常授業です。そのため、1年生は部活動もできずに下校になります。

そんな訳で生徒たちの放課後の過ごし方が気になり、『放課後は計画的に生活できていますか、今日も何か目標を定めて生活すると、きっといいことがある』と呼びかけてしまいました。

> おはよう ございます!!
>
> 『しなければ いけないこと』
> 『したほうがいいこと』は、やりましょう。
> 『してはいけないこと』
> 『しないほうがいいこと』は、やめましょう。
> あなたは、今、なにをする? しない?

2008年5月15日（木）
Thursday

1年生は家庭訪問期間で、放課後自分の時間がたくさんあります。

そんな折り、保護者や地域の方から「さくらめいとで三尻中の生徒が遊んでいる」「公園で三尻中の生徒が学校がある時間にサッカーをしている」「学校から早く帰ってきているのに勉強しないで困る」などと電話が入りました。

そこで、『あなたは、今、なにをする？　しない？』

> おはようございます。
> 家庭訪問4日目です
> きのうの午後は有効に使えましたか？
> 自主学ノート 昨日は2冊でした。
> 今日は何冊 提出されるでしょう。
> 楽しみです。

2008年 5月 15日 (木)
Thursday

心配していた家庭訪問中の生徒の放課後の過ごし方の問題点が出てきました。入学以来続けてきた自主勉強の取り組みも1ヶ月が過ぎ、中だるみ気味です。目安となる自主学習ノートの提出も、昨日は2冊にまで減ってしまいました。
放課後の有効活用と自主学習ノートの提出を訴えましたが
『今日は何冊提出されるでしょう。楽しみです。』

> おはよう
> 今日も元気に
> がんばっていこう
> 少しずつ時間を
> 意識できるように
> なってきましたね
> 今日も大切に
> していきましょう

2008年 **5**月**15**日（木）
Thursday

家庭訪問で部活動がしたくてもできていない1年生。心なしか元気がなくなってきたように感じられました。
『今日も元気にがんばっていこう』と思わず書き出していました。その後に、子どもたちの成長の様子が垣間見えた『少しずつ時間を意識できるようになってきました』を添えました。子どもたちの頑張りを後押し！　後押し！

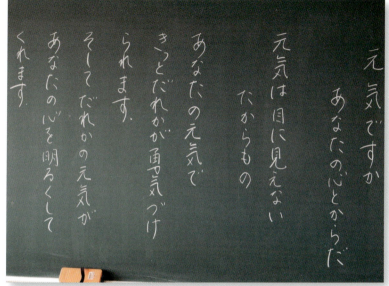

元気ですか
あなたの心とからだ
元気は目に見えない
たからもの
あなたの元気で
きっとだれかが勇気づけ
られます。
そしてだれかの元気が
あなたの心を明るくして
くれます。

2008年 **5**月**15**日（木）
Thursday

『元気ですか　あなたの心とからだ　元気は目に見えないたからもの』と書いて職員室に向かう……何とは無しに隣のクラスの黒板の言葉が目に入る。

そこには『今日も元気にがんばっていこう』の出だしの言葉。子どもたちの様子を同じように感じていたんだと思い、仲間の連帯と共動を感じ、これからの学級経営を『勇気づけ』られました。

> おはよう ございます!
>
> 本を 読んでいると、いろいろな人の 考えや、自分の 知らなかったことを 知ることができます。
> 自分自身が成長できる時間を 大切にしてほしいと 願ってます。

2008年 5月 16日（金）
Friday

三尻中学校では、朝会のある火曜日以外朝読書を行っています。入学以来とても良く取り組んできた子どもたちです。1ヶ月を過ぎ、読書に身の入らない生徒が散見されるようになりました。『本を読んでいると、いろいろな人の考えや、自分の知らなかったことを知ることができます。』と読書の意義を改めて訴えました。

> おはよう
> 宿題はやったかな
> 後でいいや
> 小さな甘えは
> 心の成長に大きく
> 影響する
> 今が大事
> 今を大切に
> いつを大切に
> できるのだろうか

2008年 **5**月**16**日（金）
Friday

5月中旬、やっぱり五月病でしょうか、宿題などの家庭学習の取り組みに緩みが出始めました。

『小さな甘えは心の成長に大きく影響する』『今が大事』

『今を大切に』と自分自身への警告も含めて書きました。

> おはようございます。
> 人権旬間です
> 思いやる心を
> 思いを伝え合い
> 認め合い
> 互いを支え合う
> そんな人と人との
> かかわりの中に
> あたたかさがある

2008年 5月 16日 (金)
Friday

今は人権旬間中です。人権旬間の意義について授業でも取り上げ、人権について生徒と考えてみました。人権はなかなか難しいテーマで、子どもたちの心にすとんと落とすことは困難です。ことあるごとに触れながら徐々に徐々に身につけてもらうしかないとも思います。

自分なりに、人権について考える意義とはこんなだよと、「『思いやる心を』持とう」という切り口でまとめてみました。

> おはよう ございます！
>
> 今日は、通信陸上大会で
> 1-1の生徒も 出場します。
> 先生も 一日 留守になりますが、
> 迷惑を かけないように 過ごしましょう！
> たのんだよ！

2008年 **5**月**19**日（月）
Monday

担任になると、出張で学校を離れクラスを空けたくありません。学校の出張は午後だけというのが多いのですが、体育関係の出張は一日というのが多いので余計に困ります。
担任の生徒たちに『先生も一日留守になりますが、迷惑をかけないように過ごしましょう！　たのんだよ！』

> おはよう
> 五月も中旬、
> 学校生活に慣れ
> 友だちにも親しんできました
> そんな時だから
> 基礎基本に忠実に
> 生活しようじゃあないか！

2008年 5月 19日（月）
Monday

『五月も中旬』生徒たちも『学校生活に慣れ』ちょっと生活に緩みも見え始めました。学級のスタート時に決めたことも、少しずつ守られなくなってきたことも見え始めました。
『そんな時だから基礎基本に忠実に生活しようじゃあないか！』

おはよう
やっぱり全員が
そろう方が良いね
みんなで
善い事も
嫌な事も
分けあって
みんなで楽しみ
ましょう

2008年5月20日（火）
Tuesday

ここのところ欠席の生徒が代わる代わる出て、全員がそろうことがありませんでした。

昨日久しぶりに欠席ゼロで、全員そろいました。

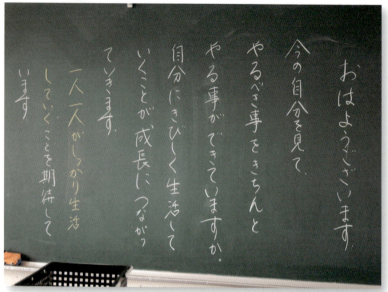

2008年 5月 20日（火）
Tuesday

私のクラスも、少しずつ生活に緩みが見え始めました。口頭で注意するのもいいですが、回数が重なると口うるさく感じられてしまいます。言う方も気分がめいります。こんな時は文字で訴えるのもいいような気がします。
『今の自分を見て、やるべき事をきちんとやる事ができていますか。自分にきびしく生活していくことが成長につながっていきます。』

> おはようございます!!
> 朝練が終わりました。
> 着替えを済ませて 次のことに 早く
> 取りかかれるか どうかは、気持ちの
> 切りかえ次第です。声をかけ合えると
> いいですね。

2008年 **5**月**21**日（水）
Wednesday

部活動が盛んな三尻中学校。最近朝練が終わった後の行動がダラダラしていて、朝読書の取り組み開始が遅れていると話題になりました。
体育教師としても放っておけないので……
『気持ちの切りかえ次第です。声をかけ合えるといいですね』

> おはようございます
> 中学校生活の慣れが
> 良い方向にいっていますか
> 朝読書、授業、給食
> 清掃……一人一人が輝
> いて生活していきましょう

2008年 5月 21日（水）
Wednesday

『中学校生活の慣れが良い方向に』いってないのは学年の職員みんなが感じています。
ストレートに言わずに『朝読書、授業、給食、清掃、……一人一人が輝いて生活していきましょう』と言ってみました。

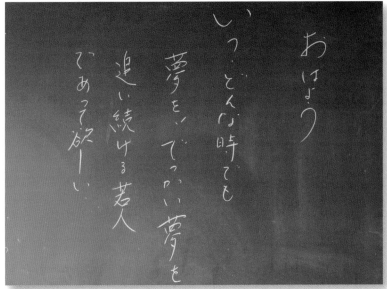

おはよう
いつ、どんな時でも
夢を、でっかい夢を
追い続ける若人
であって欲しい

2008年5月22日（木）
Thursday

日々の生活に流されると、今何のために学んでいるのかなんて、どっかに行っちまいます。そこから生活が安易な方向に流れます。1年生のちょっとした生活の乱れをこの切り口から戻してみようと思いました。
『いつ、どんな時でも夢を!』

> おはよう！
> 体育祭の練習が始まりました。
> 金曜日のリレー、見事 学年1位でしたね。
> さらにタイムを伸ばすには、どうしたらよいでしょう
> 長縄については、たった1回です
> 何をどうしたらよいのか、みんなで考える1週間にしよう

2008年5月26日（月）
Monday

三尻中学校の体育祭は1学期です。1年生は中学校生活が始まって間もなくて、取り組みが忙しいのですが、学級のまとまりを作る絶好の機会です。

長縄＝クラス全員での縄跳びは、定員いっぱいの39人で飛ぶので大変です。

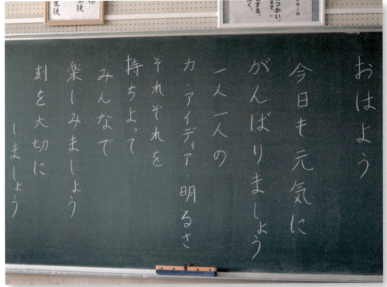

おはよう
今日も元気に
がんばりましょう
一人一人の
力・アイディア・明るさ
それぞれを
持ちよって
みんなで
楽しみましょう
刻を大切に
しましょう

2008年5月26日（月）
Monday

『一人一人の力・アイディア・明るさ　それぞれを持ちよってみんなで楽しみましょう』とは、体育祭に向けての取り組みについての訴えです。

学校行事は子どもたちを成長させる絶好の機会なので、大事に力を入れて取り組まなければと思っています。

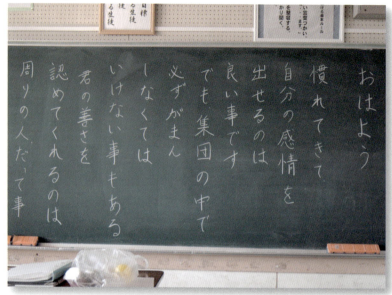

おはよう
慣れてきて
自分の感情を
出せるのは
良い事です
でも集団の中で
必ずがまん
しなくては
いけない事もある
君の善さを
認めてくれるのは
周りの人だって事

2008年5月27日（火）
Tuesday

体育祭に向けていろいろ話し合わなければならないことがあります。体育祭の出場種目選びでは、各人の得手不得手、花形種目などお互いの意見交換も活発になります。我がクラスでも活発な意見交換が行われ、話し合いの形はできたのですが……

『でも、集団の中で必ずがまんしなくてはいけない事もある』

> おはようございます
> きのうは暑い中、よく頑張りましたね。
> 朝会での学年委員の皆さんの言葉に私も励まされました。
> 体育祭練習では、体育委員のてきぱきとした動きは実に見ていて、すがすがしかったですね。
> 今日も1つ1つ、ていねいに!

2008年5月28日(水)
Wednesday

前日の学年集会、2回目でしたが生徒だけの力で成功させました。続いての体育祭練習も、生徒主導で全体が動けました。学年の「行事の運営は生徒主体で」という方針が実現されつつあるように感じられ……

『体育祭練習では、体育委員のてきぱきとした動きは実に見ていて、すがすがしかったですね。』

2008年5月28日（水）
Wednesday

『いつもより、教室にゴミが落ちていない』のがうれしくて、おもいっきり褒めちゃいました。
その勢いで、『必死』じゃなくて『必至』という言葉で『誰もが頑張る　みんなで必至になる事は優か劣かの世界を超える』と書いちゃいました。
ちょっと体育祭の結果を意識しちゃって飛躍しすぎたかな？

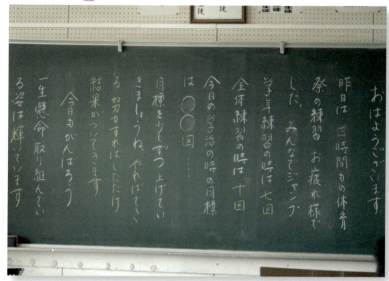

おはようございます
昨日は、三時間もの体育祭の練習、お疲れ様でした。みんなでジャンプ学年練習の時は七回全体練習の時は十回今日の学活の時の目標は○○回
目標を少しずつ上げていきましょうね。やればできる。努力すればできしただけ結果がついてきます
今日もがんばろう。
一生懸命取り組んでいる姿は輝いています

2008 年 **5** 月 **28** 日（水）
Wednesday

　日程が厳しいので『昨日は三時間もの体育祭の練習』でした。体育祭は学級対抗の形で競うので、生徒は学級対抗での優勝を望みますが、担任としてはクラスの優勝もさることながら『みんなでジャンプ』の１位が欲しい。なぜなら『みんなでジャンプ』こそクラスでまとまらなければ好成績が取れない、まとまれば１位も夢でないからです。

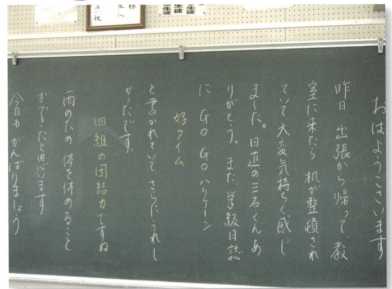

2008年 **5**月**30**日（金）
Friday

　担任というものは、自分が教室に行けない時のクラスの様子がいつも気がかりです。

　『昨日、出張から帰って』教室の様子と学級日誌から、生徒たちが担任のいない間を頑張ってくれていたことが判ったので、そのうれしさを素直に表現しました。

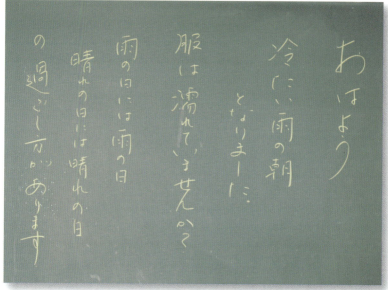

2008年 5月 30日（金）
Friday

今日は『冷たい雨の朝となりました。』生徒はみんな歩いて登校してきます。車なら濡れることはありませんが、生徒の『服は濡れてい』ないか気になります。学年の生活指導担当としては、生徒の過ごし方も気になって……
『雨の日には雨の日　晴れの日には晴れの日の過ごし方があります』などと付け加えてしまいます。

Column

三尻中●四方山話(よもやまばなし)

隠れ校章を知っていましたか？

三尻中学校には開校と同時に制定された公式の校章とは別に、隠れた校章とも言うべきものがあるのをご存じでしょうか。多くの在校生や卒業生は知っていますが、昭和の卒業生は誰一人としてその存在は知らないはずです。なぜなら、その隠れ校章は、平成元年竣工の建物にあるからです。

体育館の外トイレ入り口の上に、その隠れ校章があります。歴史ある校章はもちろん素敵な校章ですが、

この隠れ校章もモダンでなかなか味があります。この隠れ校章（単なる飾り？）が飾られた経緯（学校の依頼？ 設計者、施工者の遊び心？）は判りませんが、公式の校章同様に隠れたところから生徒の成長を見守ってくれています。

6月

体育祭に向けてヒートアップ！

1	日	
2	月	全校朝会、教育実習期間 (～ 20 日)
3	火	
4	水	
5	木	体育祭予行
6	金	
7	土	体育祭
8	日	
9	月	振替休業日
10	火	体育祭予備日
11	水	学校総合体育大会会議
12	木	
13	金	生徒会の日
14	土	
15	日	
16	月	校内研修
17	火	学年朝会、眼科検診 （～ 19 日）
18	水	
19	木	
20	金	学校総合体育大会熊谷市予選中心日、PTA 理事会
21	土	学校総合体育大会熊谷市予選中心日
22	日	
23	月	校内研修
24	火	全校朝会
25	水	
26	木	学総陸上熊谷市予選
27	金	生徒総会、部活動中止 (～ 30 日)、学総水泳地区
28	土	
29	日	
30	月	前期中間テスト、職員会議

2008 年 6月の 出来事

食品偽装が 相次ぎ発覚

岐阜県養老町の食肉卸小売業者「丸明」が、質の劣る肉をブランド和牛「飛騨牛」と偽って販売していたとして、立ち入り調査を受けた。

また、水産物卸業者「魚秀」が中国産ウナギを愛知・三河一色産として販売、架空会社を製造元として表示するなど、その悪質性を指摘された。

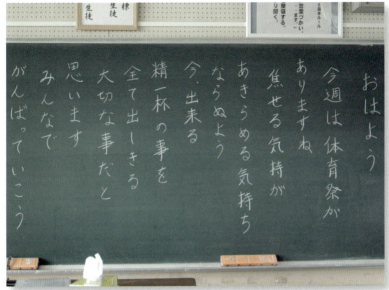

> おはよう
> 今週は体育祭が
> ありますね
> 焦せる気持が
> あきらめる気持ち
> ならぬよう
> 今、出来る
> 精一杯の事を
> 全て出しきる
> 大切な事だと
> 思います
> みんなで
> がんばって
> いこう

2008年6月2日（月）
Monday

　授業時数確保などと口うるさい教育委員会下の昨今の学校では、落ち着いて行事に取り組めません。先週体育祭の取り組みが始まったと思う間もなく、もう『今週は体育祭』です。『焦せる気持ちがあきらめる気持ち（に）ならぬよう』は生徒にというより、担任が一番感じていることで、自分に言い聞かせる言葉だったかもしれません。

> おはようございます。
> 二日間の休み、ゆっくり休養できましたか。
> 今週の土曜日は体育祭です。一週間、みんなで真剣に取り組んでその成果を発揮しましょう
> 今日から一年四組に教育実習生が来ます。
> 三週間 みんなといっしょに過ごします。よろしく。

2008年6月2日（月）
Monday

先週は体育祭の取り組みで、強行スケジュールの1週間でした。つい子どもたちにも『二日間の休み、ゆっくり休養できましたか』と聞きたくなっちゃいます。

『今日から一年四組に教育実習生が来ます。』実習生はこの忙しさをどう感じるだろう。子どもたちと接して、教職の道への希望が増すのか、嫌になってしまうのか？　出来ることなら前者であって欲しい。

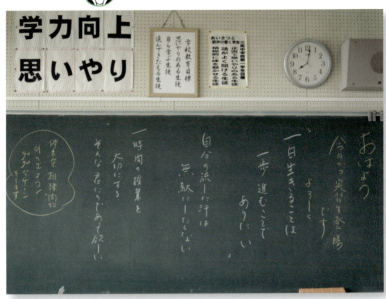

2008年 6月2日（月）
Monday

今日から5組にも教育『実習生登場です。』できることなら実習生には教員免許を取るだけでなく、これを機会に教職を目指して欲しい。それには生徒が実習生に教育活動のすばらしさを体感させてくれることが必要です。そのために『一日生きることは一歩進むことでありたい』という、私の好きなノーベル賞学者湯川秀樹博士の言葉と『一時間の授業を大切にするそんな君たちであって欲しい』と生徒を励ましました。

> おはよう ございます!
> きれいな黒板に書くのは、
> とても気持ちいいですね。
> 黒板を きれいにしてくれた人、
> ありがとう!!
>
> 今日から学年委員が
> 1と5組まで見回り
> することになりました

2008年 6月 4日（水）
Wednesday

『きれいな黒板に書くのは、とても気持ちいいですね。黒板をきれいにしてくれた人、ありがとう!!』
今日は素直に自分の感情表現です。うれしい気持ちとお礼の言葉だからいいですよね。（見回りは朝読書の様子の点検です）

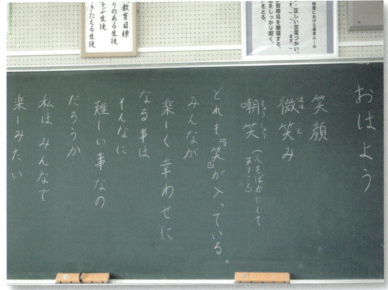

2008年 6月 4日（水）
Wednesday

人の気持ちを考えないちょっと気になる言動があったので……

『笑顔　微笑み（ほほえ）　嘲笑（ちょうしょう）（人をばかにして笑うこと）　どれも「笑」が入っている。みんなが楽しく幸わせになる事はそんなに難しい事なのだろうか　私はみんなで楽しみたい』

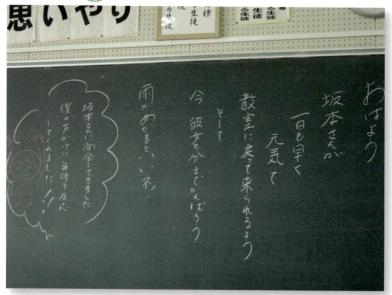

2008年6月4日（水）
Wednesday

　クラスの生徒が先日交通事故に遭ってしまいました。かなり重傷で、まだ意識不明の状態が続いています。子どもたちも面会に行きたいと言いますが、病院で許してもらえない状態です。担任だけ許され……
『坂本さんに面会してきました　僕の声がけに身体を反応してくれました!!』

> おはようございます。
>
> 自分の事だけでなく、全体を見て
> 行動してくれる人が 少しずつ ふえているのが、
> とてもうれしい事です。
> そうじの後、ぞうきんをていねいにそろえてくれる人
> 配膳台係の人が 給食委員の仕事でいない時、
> そっと ふいておいてくれる人、、、
> ありがとう。

2008年 6月 5日（木）
Thursday

担任をしていると、クラスを少しでもよくしよう、子どもを少しでも成長させようと思います。でも、なかなか思うようには行きません。ちょっとの変化でも成長している様子が、担任の明日への活力となります。生徒たちにもよい方向に変化している子どもがいることは知らせたくなります。

『自分の事だけでなく、全体を見て行動してくれる人が少しずつふえているのが、とてもうれしい事です』

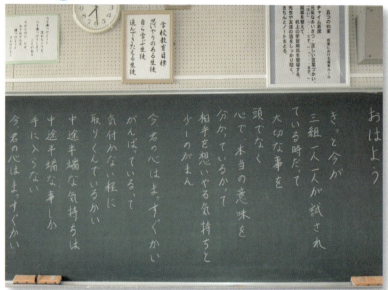

2008年 6月 5日（木）
Thursday

担任はいつもいつもクラスのことが気にかかります。

クラスのみんなが居心地のいいクラスになっているだろうか、安心して学べる場になっているだろうか、そしてみんなが成長できる場になっているだろうか、等々です。

でもなかなか思うようには行きません。根気強く何回も何回も、あらゆる手段で訴えるしかありません。朝の黒板もその手段の1つです。

> おはよう！
> 　ついに跳べたね、長縄、
> あとは、明日、晴れること、
> クラス全員がそろうことを願います。
> 　体調に気をつけて。
>
> 体育着に着
> がえて
> Fコート(コンクリート)に
> 集合♡
> (みんなでジャンプ)

2008年 6月 6日（金）
Friday

いよいよ明日は体育祭です。

練習時間が十分に取れないなか、各クラスとも精一杯取り組んできました。担任もそれをよく知っているから、それぞれのクラスの頑張れたところをあげて励ましています。

担任は『あとは、明日晴れること、クラス全員がそろうことを願い』体育祭を成功させて、生徒が何かを身につけ成長することを望んでいます。

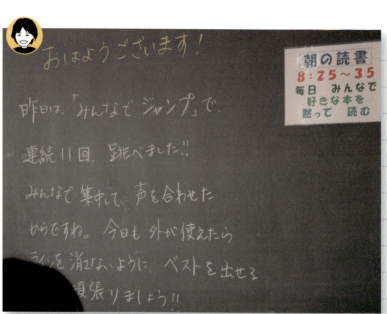

おはようございます！

昨日は「みんなでジャンプ」で、
連続11回、跳べました!!
みんなで集中して、声を合わせた
からですね。今日も外が使えたら
ラインを消さないように、ベストを出せる
よう頑張りましょう!!

朝の読書
8:25〜35
毎日 みんなで
好きな本を
黙って 読む

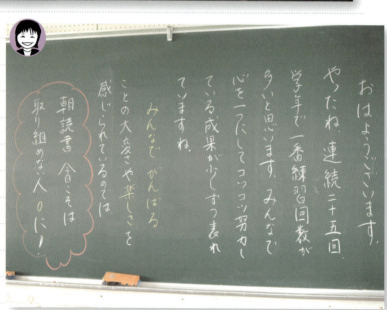

おはようございます。
やったね。連続二十五回。
学年で一番練習回数が
多いと思います。みんなで
心を一つにしてコツコツ努力し
ている成果が少しずつ表れ
てきますね。
みんなで がんばる
ことの大変さや楽しさを
感じられているのでは

朝読書 今こそは
取り組めな人々に！

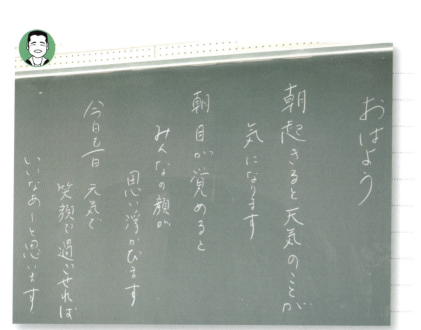

おはよう
朝起きると天気のことが
気になります
朝目が覚めると
みんなの顔が
思い浮かびます
今日も一日元気で
笑顔で過ごせれば
いいなあーと思います

2008年 6月7日（土）
Saturday

今日は体育祭当日です。

子どもたちがクラスごとに、思い思いに趣向を凝らして自分たちのクラスを応援するメッセージで、黒板を埋め尽くしてしまいました。担任の出番は無くなりました。

最近はどこの学校でもこんな風景が見られるようですが、三尻中学校でもほかの学年の教室もこのようなメッセージで埋め尽くされ、体育祭のムードが高まっています。

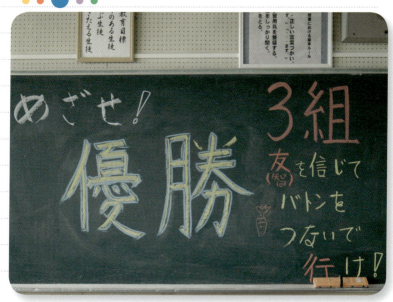

> おはようございます!
> 体育祭、3位 おめでとう!!
> よく頑張ったね!
> 一生懸命やった人しか味わえない
> 達成感…気持ちよかったでしょう。
> また、味わいましょう!!

2008年6月10日（火）
Tuesday

体育祭は競技会ではないので、必ずしも入賞しなくてもいいと思います。結果でなくその取り組みで何を学ぶかが大事だと思います。
『一生懸命やった人しか味わえない達成感…気持ちよかったでしょう。また、味わいましょう!!』と呼びかけてみましたが、生徒一人一人の心のなかに何が響いたでしょうか？

> おはよう！
> 体育祭、よく頑張りました。
> 優勝おめでとう!!
> でも1番うれしかったのは、クラス全員が
> 参加できたこと。
> そして、作戦を考え、工夫しながら努力して、
> 学年種目のGO GO ハリケーンで1位をとれたこと。
> Good job! Well done!! Wonderfull !!! です。
> さぁ、そして今日からは 次の目標に向けて
> 取り組み始めよう。   次は、中間テストです。

2008年 6月10日（火）
Tuesday

担任は『優勝おめでとう!!』だけで終わらせたくありません。
生徒にきちんと気づいてほしくて『作戦を考え、工夫しながら
努力して、学年種目のGO　GOハリケーンで1位をとれた
こと』を挙げました。英語教師なので……
『Good job！　Well done!!　Wonderfull !!!』と
英語にも興味を持って欲しいと、欲張っちゃいました。

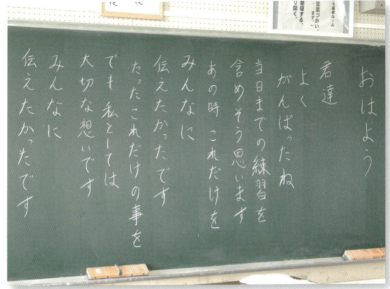

おはよう
君達
よく
がんばったね
当日までの練習を
含めそう思います
あの時これだけを
みんなに
伝えたかった
たったこれだけの事を
でも私としては
大切な想いです
みんなに
伝えたかったです

2008年6月10日（火）
Tuesday

担任の気持ちが、行事の取り組み中には伝わらないことも多いのが、教師のつらいところです。

今回3組は、担任の思いが空回りしていたようなところがありました。担任が言えば言うほど想いが伝わらず、クラスのリーダーには迷惑をかけてしまいました。

体育祭が終わった今解ってもらえるだろうと『君達よくがんばったね　当日までの練習を含めそう思います』

> おはよう ございます！
>
> 誰も 見ていなくても
> コツコツ 努力できる人が
> います。
> 皆が やっていなくても
> 黙々と 取りかかれる人が
> います。
> そういう人に 応援してくれる人が
> 出てくるのです。

2008年 **6**月**11**日（水）
Wednesday

昨今の世の中の風潮で、馬鹿まじめに一所懸命にやっている人を小馬鹿にする風潮がありますが、私は好きになれません。
私のクラスの中に、こんな人がいるのを発見しました。すかさずクラスのみんなに紹介します。
『皆がやっていなくても黙々と取りかかれる人がいます。そういう人に応援してくれる人が出てくるのです』

2008年 6月 11日（水）
Wednesday

体育祭終了後初めての登校日『君達よくがんばったね』とクラスの生徒たちに、クラスとしての体育祭の取り組みについて呼びかけました。

その後の生徒の様子を見ていると、担任の言いたいことが何だったのか充分に伝わらなかったみたいに感じました。ある程度具体的に言わないとだめかもしれないとも思い、ちょっと具体的に書いてみました。

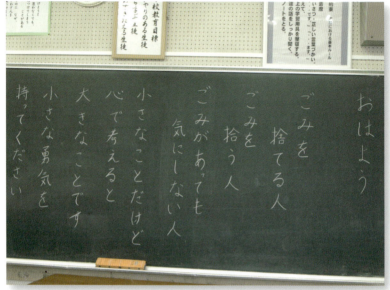

2008年 **6**月**12**日（木）
Thursday

体育祭という大きな学校行事が終わり、子どもたちの気持ちにも穴が開いたのでしょうか……教室にゴミが落ちていることが多くなりました。掃除が終わった後の放課後の教室にもゴミを見かけることがありました。

『ごみを捨てる人　ごみを拾う人　ごみがあっても気にしない人　小さなことだけど心で考えると大きなことです』

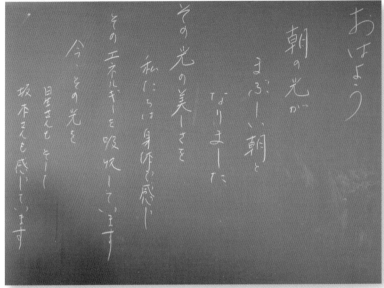

おはよう
朝の光が
まぶしい朝と
なりました
その光の美しさを
私たちは身体で感じ
そのエネルギーを吸収しています
今、その光を
星先生も〇〇し
坂本さんも感じています

2008年 6月 13日（金）
Friday

夏至が近づき太陽の光も力強くなり、今日は『朝の光がまぶしい朝となりました』今私のクラスでは、2人の生徒がそれぞれの事情で学校に来られていません。クラスの子どもたちに、ここにいないけど仲間がいるんだよ。同じ場所には立っていないけど、ちゃんとみんなと同じようにいろんなことを感じている仲間だよ。というメッセージです。

> おはよう！
> 是非、落ち着いた生活を….

2008年 **6**月**18**日（水）
Wednesday

学校行事の終わった後などよくあることですが、この頃生徒に落ち着きがかけています。浮ついています。
「廊下を走らないで」「追いかけっこは外でして」
担任は口を酸っぱくして何回も注意しますが、中学1年生たちには馬耳東風……全然言うことを聞いてくれません。私はたまらず朝の黒板に、『是非、落ち着いた生活を……』

> おはよう
> このところ
> 怪我や事故等
> 相次いでいます
> それは何故でしょう
> 誰も病気になったり
> 怪我したり
> して欲しくない
> 笑顔で過ごせるよう
> 気を引き締めてください

2008年6月18日（水）
Wednesday

体育祭が終わった安堵感が生徒にもあるのか『このところ怪我や事故等相次いでいます』

特に女性の先生方は、子どもたちが怪我をしたりしないかハラハラドキドキしてるそうです。

生徒にも考えて欲しくて『それは何故でしょう』と呼びかけてみました。

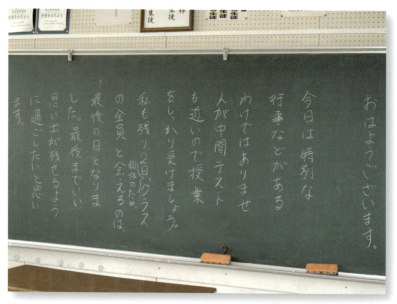

2008年 6月 19日 (木)
Thursday

ときには担任の代わりにほかの先生が書くこともあるようになりました。今日は教育実習生の内田先生が、担任の先生にお願いして、登場しました。

学校総合体育大会の熊谷市予選が始まり、クラスの全員と過ごせる日が今日だけになってしまったので、担任に無理を言って、『全員と会えるのは、最後の日となりました。最後までいい思い出が残せるように』とクラスのみんなに投げかけました。

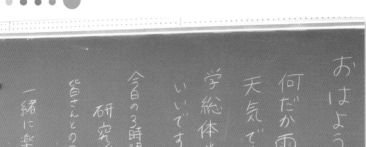

2008年6月19日（木）
Thursday

　5組の実習生の長谷川先生も、全員と過ごせる最終日だと分かっていました。そこで、長谷川先生も担任にお願いして朝の黒板に登場です。
　みんなと過ごせる最後の日と同時に研究授業の日でもあるので、『今日の3時限は研究授業です。皆さんとの最後の授業でもあります。一緒に楽しく勉強しましょう。』と呼びかけました。生徒はこれに応えて、研究授業で頑張ってくれました。

> おはよう ございます！
> あなたたちが 大切に 育てている
> 植物が、毎日 少しずつ 成長しています。
> 水くれや世話を 継続 しているからです。
> 部活や 勉強や 友情… どれも 大切に
> 継続させて、よい 成果を 出して下さい。

2008年 6月 23日（月）
Monday

三尻中学校では、熊谷市の「暑いぞ！　熊谷」キャンペーンの一環の「花緑いっぱい事業」で1年生がベランダに緑のカーテンを育てています。

人間の成長はなかなか目に見えて現れませんが、植物の生長は誰の目にも明らかです。その生長が『水くれや世話を継続しているから』なのもすぐに判ります。子どもたちに継続の大切さを解らせるにもってこいなのでありがたいです。

2008年6月23日（月）
Monday

教育実習生の内田先生が、最終日の20日(金)にクラスのみんなにメッセージを残してくれた月曜日の4組の黒板です。『いい思い出が一杯できました。本当にありがとうございました。』ということばの中に、生徒達への感謝の気持ちがたくさん込められています。実習生にこれだけ感謝された生徒達にも良い思い出が残り、これだけやれた自分たちを誇らしく思えたに違いありません。

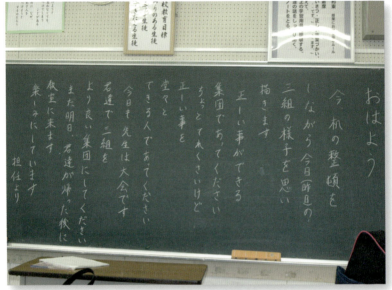

2008年 6月25日（水）
Wednesday

　先輩から、担任は退勤する前に自分の教室を見てから帰るものだ、と教えられました。
『今、机の整頓をしながら今日（昨日）の三組の様子を思い描きます』
机の乱れや、荷物の様子から出張で留守にした1日の生徒の生活の様子が判ります。生徒たちに留守の間を託します。
『今日も先生は大会です　君達で三組をより良い集団にしてください』

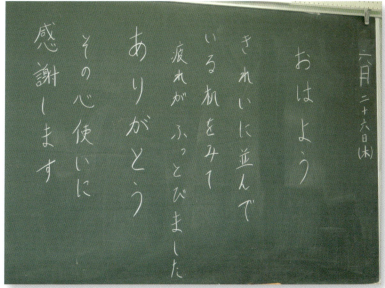

六月二十六日(木)
おはよう
きれいに並んで
いる机をみて
疲れが ふっとびました
ありがとう
その心使いに
感謝します

2008年6月26日（木）
Thursday

呼びかければ生徒たちは応えてくれます。昨日は少し乱れていた机も、今日は見違えるようになっていました。私の呼びかけに応えてくれた生徒たちに、素直に感謝の気持ちを伝えます。
『きれいに並んでいる机をみて疲れがふっとびました』
こんな時は、教師になって良かったとつくづく実感する至福の時になります。

> おはようございます！
>
> 陸上の大会は雨の中 行われました。選手のことを考えて 行動してくれる 3年生がいて、1.2年の 見本となってくれました。どこの部も予選が終わり、1.2年 主体となります。そんな先輩になって下さい。本日も出張します…。
>
> 合格ついてない人
> 中間テストの後 再提出

2008年 6月 27日（金）
Friday

　一般種目の学校総合体育大会は終わりましたが、陸上競技の部は日を変えて行われます。生徒がたくさん残っていますが『本日も出張します…。』

　クラスの子どもたちには、前日の陸上の大会での上級生のすばらしい行動を紹介しつつ、後を託します。『どこの部も予選が終わり、1・2年主体となります。そんな先輩になって下さい』

> おはよう。
> 初めての中間テストです。
> 今朝は読書ではなく、テスト勉強です。
> 問題をていねいに読み、ていねいな文字で
> 答えを書きましょう。

2008年 6月 30日（月）
Monday

熊谷市は2期制なので、普通の学校では期末テストになろうかという今が、前期の中間テストです。
子どもたちにとっては『初めての中間テストです。』いつもの朝に取り組んでいる朝読書は『テスト勉強』に切り替えられます。
中学に入って初めての定期テストなので改めて『問題をていねいに読み、ていねいな文字で答えを書きましょう』と呼びかけました。

三尻中・四方山話(よもやまばなし)

小間山

校歌の3番に『小間山の青嵐……』とありますが、この『小間山』とは、学区の南に位置する観音山のことと音楽の先生から教えられています。理科の先生からは、この山は河川が削り残したため生じた丘（残丘）で、近くの深谷市仙元山、旧岡部町山崎山なども同種の山だと、説明されています。また観音山の中腹には少間山龍泉寺があります。江戸末期の学者・画家で有名な渡辺崋山ゆかりの寺であることで知られています。

天保2年崋山は三ヶ尻を調査のため訪れました。崋山は龍泉寺に約20日間泊り三ケ尻の名の起り、地勢・産物・租税・人情・風俗・旧跡旧家等を調べ、これを訪甌録(ほうへいろく)三巻に著しました。この折に描いた書や仁王門の松図格天井絵・双雁図の絵が現在も龍泉寺に残されています。いずれも埼玉県の指定文化財です。

July

7月

夏休みまであとひと頑張り……

1	火	前期中間テスト、管理訪問
2	水	
3	木	
4	金	合同訪問、朝清掃、A日程終了、PTA3校連絡会
5	土	
6	日	
7	月	B日程開始、素点交換
8	火	生徒朝会、移動図書館来校
9	水	全校漢字コンテスト
10	木	安全点検
11	金	生徒会の日、防犯教室
12	土	
13	日	
14	月	学年会
15	火	学年朝会、三尻サポート
16	水	進路説明会（3年）
17	木	大掃除、ワックス塗布
18	金	授業終了日、給食終了日
19	土	
20	日	
21	月	海の日
22	火	夏季休業日（～8月29日）
23	水	学校評議員会
24	木	
25	金	校内研修、教研教育文化講演会
26	土	
27	日	
28	月	夏休み補充授業・数学（1年）
29	火	夏休み補充授業・数学（1年）
30	水	教育課程説明会
31	木	夏休み補充授業・英語（1年）

2008年7月の出来事

北海道・洞爺湖サミット開催

7月7日から9日まで、北海道・洞爺湖サミットが開催された。主要議題は、「世界経済の安定化」「環境・気候変動」「アフリカの開発支援」「核の不拡散などの平和構築」で、議長国の日本は、2050年までに温室効果ガス50％削減の長期目標について、議論を前進させることが命題となった。

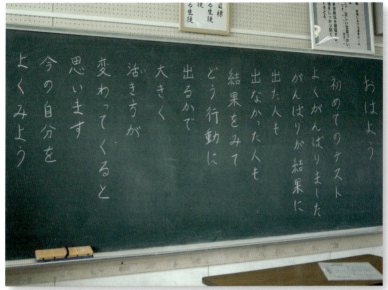

2008年 7月2日（水）
Wednesday

　定期テストが終わると、点数は誰でも気にします。何とかして点数を上げてほしいと、少しでも正解に似ている答えなら半分でいいから点をくれと、教師に懇願する生徒まで現れます。テストが返されて一番大事なことは、なぜ間違えたのか確認をすること、テストに対する取り組みを検討して次回に生かすことです。『結果をみてどう行動に出るかで大きく活き方が変わってくる』

> おはようございます。
> 今日は朝会。暑い時こそ、服装を整えて気持ちを引き締めていきたいものです。
> 1つ1つの事をていねいに！

2008年 7月8日（火）
Tuesday

7月に入り暑くなってきました。子どもたちはテストも終わり、後は夏休みを待つばかりです。

自分に言い聞かせるつもりで、『今朝は朝会。暑い時こそ、服装を整えて、気持ちを引き締めていきたいものです。』

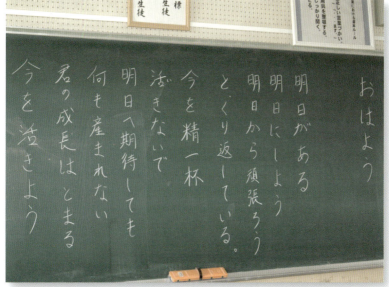

2008年 7月9日（水）
Wednesday

人間は弱い、特に意志が弱い。

『明日がある　明日にしよう　明日から頑張ろうと、くり返している。今を精一杯活きないで明日へ期待しても何も産まれない　君の成長はとまる　今を活きよう』

この君は僕でもあります。今日できることは今日のうちにやる、今からやるって明日からやろう……ではだめなんですよね。

よ〜し！今日からやるぞ。

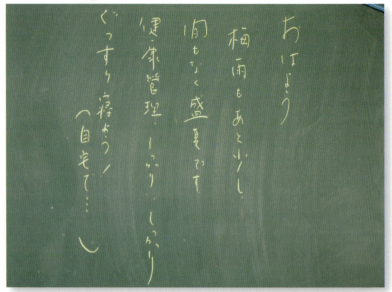

2008年 7月 9日（水）
Wednesday

日本の夏は暑い、エアコンの無い教室の暑さは、かなりきつい。一時(いっとき)だけど教室にもエアコンが欲しいと思う。

こんな時には日本の梅雨がありがたいと思う。梅雨空の日は湿度は上がるが、気温が抑えられるのがせめてもの救いです。

気候がいい時でも、午後の授業は、給食後なので、生徒も教師も大変です。梅雨時の高温多湿の教室では、こっくりこっくり船を漕ぐ生徒も出てきます。

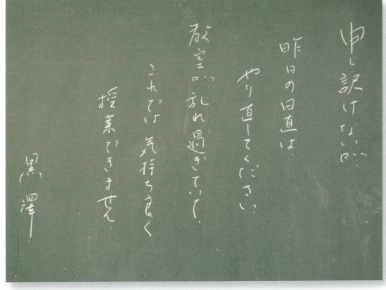

2008年 **7**月**10**日（木）
Thursday

クラスには日直という係があります。当番制になっていて、全員が順番で、学級日誌を書いたり、授業の後の黒板を消したり、放課後の机の整頓等いろいろなことを行います。それらがうまく出来ないときは、もう一度やるというのが学年で決めたルールになっています。今回の日直は、あまりにもいい加減過ぎたので……『教室が乱れ過ぎていて、これでは気持ち良く授業できません。　黒澤』

> おはようございます!
> 「いいクラスにするプロジェクト」2日目。
> 授業中の姿勢…体ごと前を向いて
> 先生と目を合わせて話をきく。
> 辛いことから逃げたら、自分に負け…。
> 頑張れ!! 1組!!

2008年 7月 11日（金）
Friday

入学して3ヶ月……夏休みまであと10日ほど……1年生の先生方から「なんかこの頃変だよね、子どもたちの雰囲気が気になるね、このままだと危ないなぁ…」という声が出だしました。生徒に今の雰囲気を変えようと呼びかけたら、学級委員で組織する学年委員会で、『いいクラスにするプロジェクト』に取り組むことになりました。黒板でも応援……
『辛いことから逃げたら、自分に負け…。』

94

> おはようございます。
> 昨日は先生方の話を聞いて、素直な自分にもどったみんなを見てホッとしました。
> 今日は午後「非行防止」教室があります。心で話を聞きましょう。

2008年 **7**月**11**日（金）
Friday

入学してから、中学校では頑張ろうと決意も新たにしている様子が、ひしひしと伝わってきた子どもたち、最近何かとトラブルがあったり様子が変です。

学年の先生方も同じように感じているようで、学年集会を開いて、子どもたちに一人一人、思っていることや感じていること、願っていることを話そうよ、ということになりました。その集会を実施後、正直な感想を告げました。

> おはよう ございます！
>
> 土日は ゆっくり 休めましたか？
> ベランダの LEAF も、水分を
> ほしがっている(葉っぱ)ことでしょう。
> 早く 補給して あげて下さい。

2008年 7月 14日 (月)
Monday

　ベランダの緑のカーテンも順調に育っています。生徒一人1鉢で、ゴーヤや朝顔など各自の育てたい苗を選んで5月に植えました。水やりは交代で毎日朝あげています。鉢は8号鉢を使っていますが、いよいよ暑くなってきた今日この頃では保水力が充分ではありません。まして、土日は学校が休みなので、生徒は校舎に入れません。体育教師ですが、英語を学び始めた1年生に英語を使ってみました。そしたら、生徒が訳を入れてくれました。

> おはよう。
> 夏休み前のしめくくりの週です。
> あたり前のことをあたり前に!
> 1つ1つの事をていねいに。
> 4月からずっと言い続けていることですよ…。

2008年 **7**月**14**日（月）
Monday

いよいよ夏休みまであと1週間になりました。『夏休み前のしめくくりの週です。』残りの1週間を生徒にもしっかり過ごして欲しいと思います。

『あたり前のことをあたり前に!　1つ1つの事をていねいに』と呼びかけました。『1つ1つの事をていねいに』最近この言葉を使うことが多くなったかな？

私の朝の黒板のキャッチフレーズになりそうです。

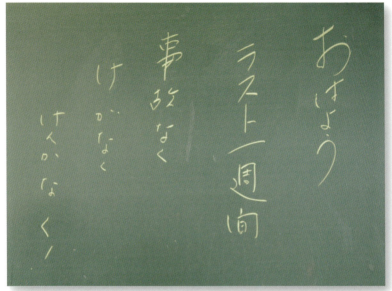

2008年 **7**月**14**日（月）
Monday

夏休みまであとわずか、できるなら何事もなくスムーズに夏休みに入りたいものです。友達同士のトラブルなどがあると、余計な指導が必要になります。担任としてもそれは避けたい。学年の生活指導担当ならなおのこと避けたい。余計な指導は、教師にも、子どもにもいらない負担です。
『事故なく　けがなく　けんかなく！』

> おはよう
> 黒板もきれい、ベランダもきれい、廊下もきれい、何て気持ちが良いんでしょう。ありがとう。

2008年 7月 16日（水）
Wednesday

『黒板もきれい、ベランダもきれい、廊下もきれい、何て気持ちが良いんでしょう。ありがとう』
私たちの呼びかけに、生徒たちも応えてくれたのか……今朝の教室はこんなでした。こんな時は本当に担任やってて良かった！　って思います。

> おはよう
> いよいよあと三日。
> その三日を
> どう過ごすか？
> それによって
> 九月からの君の生活が
> 変わります
> 一時一時を大切に

2008年 7月 16日（水）
Wednesday

中間テスト後ちょっと危うかった1年生の生活態度も、生徒が私たちの呼びかけに応えてくれて、何とか持ち直してくれました。『いよいよあと三日』何とかなりそうな予感が持てるようになりました。
教師の悪しき習性、今度は夏休み後のことが心配になります。心配の種は尽きません。

> おはよう。
> きのうの場所に加えて、
> 階段が大変きれいになっていました。
> 全校生徒が給食の運搬で通る汚れやすい所です。
> ていねいにふいてくれてありがとう。

2008年 7月 17日 (木)
Thursday

『きのうの場所に加えて、階段が大変きれいになっていました。』昨日担任のうれしい気持ちを素直に伝えたら、子どもたちは、それをしっかり受け止めて、次のステップに進んでくれました。またまた担任していて良かった！
長い長い夏休みの前にして、こんな思いにさせてくれる子どもたちに、ただただ、感謝！　感謝！

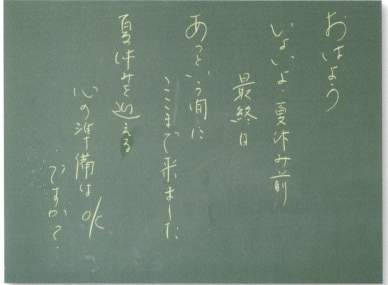

2008年 7月 18日（金）
Friday

『いよいよ夏休み前最終日』一昨日は、子どもたちの夏休み後のことが心配になったのに、いよいよ夏休みを迎えるとなると、夏休み中の生活の方が気になります。

それにしても、この学年から三尻中を立て直そうと、生徒とともにまっしぐら……振り返ると『あっという間にここまで来ました』学年のほかの先生方も、生徒も思いは同じ！　ではないでしょうか……

August

月

充実した夏休みを！

1	金	家庭訪問期間（〜8日）、夏休み補充授業・英語（1年）
2	土	
3	日	
4	月	
5	火	
6	水	
7	木	
8	金	
9	土	資源回収
10	日	
11	月	
12	火	
13	水	
14	木	
15	金	
16	土	
17	日	
18	月	理科展作品提出日 (〜22日)
19	火	
20	水	
21	木	
22	金	夏休み補充授業・英語（1年）
23	土	
24	日	
25	月	校内研修
26	火	夏休み補充授業・数学（1年）
27	水	
28	木	
29	金	夏休み補充授業・数学（1年）
30	土	PTA環境整備
31	日	

2008年8月の出来事

北京オリンピック開幕

アジアでの開催は日本、韓国に次いで3か国目。史上最多となる204の国と地域が参加し、28競技・302種目でメダル獲得を目指した。日本は金9個、銀6個、銅10個、計25個を獲得。「なんも言えねぇ」という100m＆200m平泳ぎ2連覇の北島選手の勝利コメントが流行語になった。

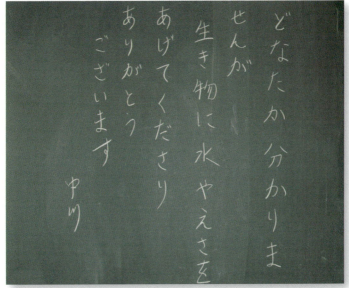

2008年8月19日（火）
Tuesday

理科教師の私は、教室にも水槽を置いて生き物を飼っています。夏休み中は管理が行き届かなくなってしまいがちです。授業日は毎日やっていた餌も、あげられない日が続くこともあります。用事続きで登校できず、久しぶりに教室に入ったら、誰かが世話してくれていました。
『どなたか分かりませんが生き物に水やえさをあげてくださりありがとうございます　　　中川』

Column

三尻中●四方山話(よもやまばなし)

三尻中の生徒が減らないのは何故

校歌の3番に『歴史はかおる芒の焔むら』とあるように、三尻中の周りには原野がたくさんあったようです。国鉄(現JR)の籠原車両基地や引き込み線付きの秩父セメント(現太平洋セメント)の工場が学区内に建てられたのもうなずけます。

三尻中の生徒数が、少子高齢化の昨今でも減らないのは、このことによるようです。「宅地のための用地が潤沢で地価が安く」湘南新宿ラインや東京ライン等のお陰で都心への通勤が便利なのに「籠原車両基地があるから座っていける」ので、住宅が増え、子どもの数が減らないようです。

校舎の裏にも、原野を開拓したであろう畑がありました。畑では栽培実習をし、ダイコンやトウモロコシのおいしいものが収穫でき、時にはキジの親子が姿を現したりしましたが、最近立派な住宅に変わってしまいました。

September

9月

さぁ、夏休み気分一新だ！

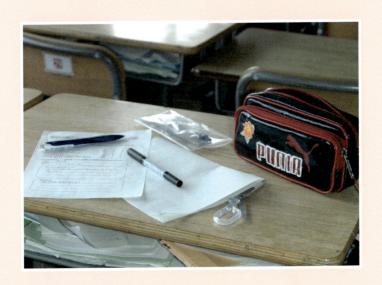

SEPTEMBER

1	月	授業開始、全校集会、職員会議、フリー参観日 (〜5日)
2	火	校内夏休み作品展、防災訓練
3	水	校内夏休み作品展
4	木	
5	金	生徒会の日
6	土	
7	日	
8	月	学年会、校内研修
9	火	生徒朝会
10	水	
11	木	学年懇談会（1年）
12	金	熊谷市英語弁論大会
13	土	
14	日	部活動中止 (〜18日)
15	月	敬老の日
16	火	教育実習期間 (〜29日)
17	水	
18	木	前期期末テスト
19	金	前期期末テスト
20	土	
21	日	
22	月	校内研修
23	火	秋分の日
24	水	
25	木	
26	金	
27	土	市内科学展
28	日	市内科学展
29	月	職員会議
30	火	全校朝会、新人陸上

2008年9月の出来事

福田首相が辞任を表明

「安心実現内閣」を掲げた福田改造内閣が発足してわずか1か月。福田首相が突然、辞任を表明した。福田首相は、「新しい布陣のもとに政策の実現を図って参らなければならないと判断した」と語ったが、昨年の安倍政権に続く「政権放り出し」と、野党から痛烈な批判を浴びた。

> おはよう！
> Long time no see！（お久しぶりです）
> 充実した夏休みを送ったことと思います。
> さあ、気持ちを切りかえて、
> 今日からまたスタートです。
> 1日1日を、1つ1つの事をていねいに！！

2008年9月1日（月）
Monday

長い夏休みも入るまでの期待とは裏腹に、過ぎてしまえばあっという間です。生徒たちとは長らく顔を合わせていないので、まずはごあいさつ……

英語教師なので『Long time no see！（お久しぶりです）』

担任の自分にも言い聞かせるように……

『1つ1つの事をていねいに！！』

思わず私のキャッチフレーズが出ました。

> おはよう
> 夏休みも終わりました
> いよいよ一番充実できる
> 秋を迎えます.
> 一人一人が責任を果たし.
> お互いが認め合える.
> そんな学級にしよう

2008年 9月 1日（月）
Monday

どこの学校でも、どこの生徒もそうだと思いますが、夏休み明けは何となく生活のリズムが整いません。夏休み中の楽しい思い出、比較的自由な生活の方に想いが傾きがちです。早くそういう想いから脱却して、今のこの生活中心に一踏ん張りしつつ、先に目を向けて欲しいと……

『いよいよ一番充実できる秋を迎えます』

> おはよう！
> 夏休み明け2日目、今日も元気にガンバロー！！
> くつのかかとは揃えてある？
> あいさつは自分から明るいトーンで！
> まずは8:25、テスト勉強を始めよう

2008年9月2日（火）
Tuesday

夏休み明けは、頑張ろうと思ってもなんか気分はブルー……

生徒も自分も奮い立たせるために

『夏休み明け2日目、今日も元気にガンバロー！！』

『くつのかかとは揃えてある?』

『あいさつは自分から明るいトーンで！』

同年代の子どもを持つ身、つい自分の子どもに言うようなことも並びます。

おはよう
テストはやだな
受けたくないな
でも逃げてはいけない
事がある
この先大人に近づくと
さけてはならない
事がある
その時のための
がまんの練習
今の自分の根性を
測るもの
最後まであきらめない
最初から逃げない
失敗が許されている今
全力で!!

2008年9月2日（火）
Tuesday

夏休み明け、教師以上に子どもはブルー……その原因は？ 終わらなかった宿題？　でもこれは一部の生徒だけ。全員の生徒をブルーにさせるのは、夏休み明けテスト。
『この先大人に近づくとさけてはならない事がある　その時のためのがまんの練習』励ますにはちょっとすり替えかなと思いつつ、これは担任としての今の自分だと気がつきました。子どもたちの『失敗が許されている今』がうらやましい。

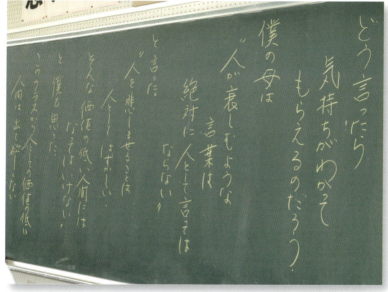

どう言ったら
気持ちがわかって
もらえるのだろう？

僕の母は
"人が哀しむような
 言葉は
 絶対に人として言っては
 ならない。"
と言った。
"人を悲しませること"は
"人"としてではない、
そんな価値の低い人間には
なってはいけない。
と僕は思った。
このクラスから人という価値の低い
人間は出て欲しくない。

2008年 **9**月**2**日（火）
Tuesday

中学１年生……まだ人として成長過程真っ直中。友達同士のケンカやトラブル、あって当然。そんなとき子どもたちはめいっぱい悪口だって言っちまう。

もちろん間髪入れず指導する。でもでも……未熟な子どもたち、同じことを繰り返す、教師の言いたい本当のことが解ってもらえない、そんなことも数知れず……

苦肉の策で、自分の体験を……改めて母の教えがことのほかありがたかった。

おはよう
少し成長したのかな
どうして担任が思ったかわかりますか？

2008年9月4日（木）
Thursday

人間の成長が、できたその瞬間に自分で分かったり、気づけるようなものだったらどんなにいいだろう……と教師になって切実に思う。そうなれば子どもたちを伸ばすのが今の数十倍簡単だと思う。

毎日慌ただしく過ぎて行く教室の1日、ちょっとした変化は気づかれずに過ぎていきます。特に子どもたちには……

『少し成長した』のは何だったんだろう、探してみることでまた子どもと成長したい。

> おはよう。
> 今日は君のくつは泣いていませんか？
> 課題提出、最終日です。
> 人に信用される人間になりましょう。
> お互いに。私も頑張ります。

2008年9月5日（金）
Friday

『今日は君のくつは泣いていませんか？』

「学校は勉強、しつけは家庭」よく言われる言葉です。この通りにやれたらどんなにいいでしょう。教員生活も、もっともっと楽しいものになりそうです。

三尻中学校でも、生活指導の1つに、「靴のかかとをつぶすのはやめましょう」というのをあげています。最近何人かの生徒の靴のかかとがつぶれていました。

2008年9月9日（火）
Tuesday

　三尻中学校でも、各教室に学級文庫があります。朝読書の時間に本を忘れた生徒が困らないように、というのが設置の一つの目的です。図書館からも本が提供されたり、みんなが家庭から持ち寄ったりして、かなり充実したものになっています。昨日の放課後、その本が出しっ放しになっていました。出しっ放しだけでなく床にも散乱していました。
『君に本の気持ちがわかるかい』

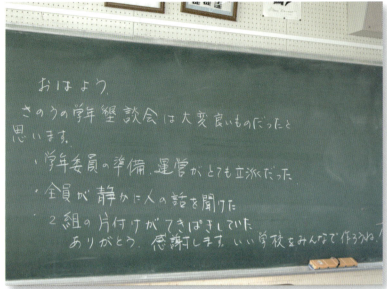

2008年9月12日（金）
Friday

子どもたちの雰囲気が、少し変、特に大きな問題があるわけではないが、入学した頃の前向きの姿勢が感じられません。「初心忘るべからず」は難しいけど大事、学年で相談して、PTAの『学年懇談会』のメインを入学当初のスライドショーにしました。運営は生徒、発表も多くを生徒に割り当て……わずか半年前だけど、顔の変化に成長のあと、目の輝きが新鮮でした。子どもたちに「初心」が甦ったようでした。

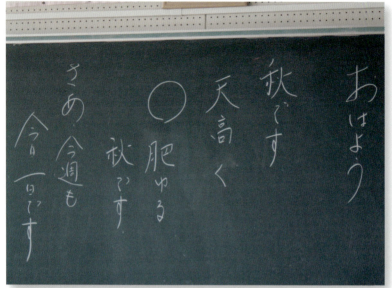

2008年9月12日（金）
Friday

『秋です　天高く◯肥ゆる秋です』

自分も中学生の頃はそうでしたが、子どもたちは、季節など関係なく夢中で遊び回るものです。そんな子どもたちにも、ちょっとは季節感に浸ってもらいたい。

朝の会で、この◯のなか……正解ばかりでなく、みんなで何を入れたい？……と呼びかけてみます。

> おはようございます！
>
> 三連休で、体の疲れを とれましたか？
>
> いよいよ 期末テスト前で 部活中止。
> 今すべきことから 逃げずに、
> 時間を 上手に使って 頑張りましょう！

2008年9月16日（火）
Tuesday

期末テストと言えば、9教科、昔の中学校なら、3日間かけて行われました。しかも、1日3科目だけで、テストが終われば即下校！

今の中学校は、授業時数確保で2日間。準備の時間も少なくて、生徒の負担も大変です。心を鬼にして……

『今すべきことから逃げずに、時間を上手に使って頑張りましょう！』

> おはよう ございます！
>
> 今日から 期末テストです。
>
> 今まで 勉強してきたことを 出しきって下さい。
>   1. 落ちついて 問題を 読むこと。
>   2. 授業を 思い出すこと。
>   3. 最後まで あきらめないこと。
>   　　　　　頑張れ!!

2008年**9**月**18**日（木）
Thursday

テストのために使える時間が少ないなか、一所懸命頑張ってきた生徒たちです。入学以来2回目の定期テストとはいえ、細かいことまで言いながらの応援です。
子どもたちには、なんとしても今までの努力が報われるよう、『落ち着いて』取り組んで、大きな失敗なく、今までの努力が報われるよう祈るばかりです。そして……
『最後まであきらめない』で欲しいと思います。

2008年9月19日（金）
Friday

強行スケジュールの『期末テスト2日目です。残り4教科も集中して頑張ろう!』と言うこと以外に励ましのしようがありません。

場合によっては子どもたちの将来をも左右する定期テストには、もっともっとゆとりを持って取り組ませてあげたいものです。何とかならないかなぁ～といつも心を痛めています。

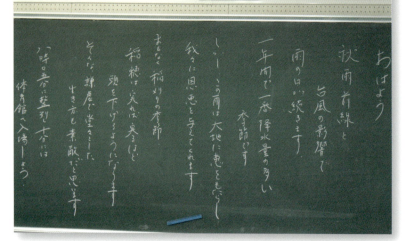

2008 年 9 月 30 日（火）
Tuesday

子どもたちは、季節に関係なく元気です。でも、雨の日は嫌いみたいで「早く止まないかなぁ〜」なんて声も聞こえてきます。またまた子どもたちに雨の大事さと季節の変化に目を向けてもらいたくて……

『この雨は大地に恵みをもたらし、我々に恩恵を与えてくれます。まもなく稲刈りの季節、稲穂は実れば実るほど頭を下げるようになります。そんな、謙虚で堂々とした生き方も素敵だと思います。』

October

10月

新人戦、合唱コンクールへ GO！

OCTOBER

1	水	
2	木	総合学力調査（3年）、新人体育大会熊谷市予選
3	金	新人体育大会熊谷市予選中心日
4	土	新人体育大会熊谷市予選中心日
5	日	
6	月	校内研修
7	火	学年朝会、前期評定交換
8	水	期末短縮
9	木	
10	金	生徒会役員選挙、安全点検
11	土	
12	日	
13	月	体育の日
14	火	全校朝会（表彰）
15	水	前期給食最終日
16	木	前期終業式
17	金	秋季休業日（～19日）
18	土	
19	日	
20	月	後期始業式、身体計測、校内研修
21	火	生徒朝会、後期給食開始
22	水	新人体育大会県代表者会
23	木	
24	金	生徒会の日
25	土	
26	日	
27	月	フリー参観日（～11月1日）、職員会議
28	火	学年朝会
29	水	実力テスト（3年）
30	木	校内音楽会
31	金	市内駅伝、漢字検定

2008年10月の出来事

ノーベル賞で日本人4人が受賞

ノーベル物理学賞に、南部陽一郎さん、小林誠さん、益川敏英さんの3人が選ばれた。3人は、物質を構成する最小の単位「素粒子」の研究が評価された。さらにクラゲの蛍光たんぱく質を発見した下村脩さんがノーベル化学賞に選ばれ、1年で4人の日本人が受賞する快挙となった。

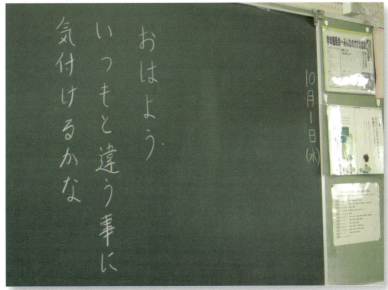

2008年 **10**月**1**日（水）
Wednesday

教室で子どもたちの成長の証を見つけました。指摘してここが伸びたよっ！　と言うのは簡単ですが、できればもっともっと成長してもらいたいので、謎かけみたいになっちゃいました。「這えば立て、立てば歩めの親心」と共通するところだと気づきつつ、つくづく教員というのは子どもの成長に関しては欲張りだなと思います。

> おはようございます。
> いよいよ新人戦も近づいてきました。今までの練習の成果を発揮するために自分は何ができるか各自自分のできることを!
> 今日はテニス部五名が大会に行ってきます。

2008年 10月 2日 (木)
Thursday

　子どもたちの学校生活に、部活動の占める部分は大きいものがあります。運動部では大会に選手で出場し、1回でも多く勝利することが目標の1つになります。1年生にとっては、今回がその最初の大会になります。多くの生徒はまだ試合には出られず応援が主になります。子どもにとって応援だけではつまりません。
　『自分は何ができるか　各自自分のできることを!』と応援の応援です。

> おはよう
> どんな新人戦だったかな
> 先輩の姿はかっこよかったかな
> 経験を活かしてより善く成長しよう
> 今日も留守を頼んだよ
> 良い子でいてね

2008年 10月6日 (月)
Monday

新人戦とはいえ、主体となって出場するのは2年生です。子どもたちに、「ボーっと応援してないで、どんなふうに試合するのか、すばらしい選手は何が優れているのか、応援しながら見てくるんだよ」と言いました。

今年の新人戦は、雨で外の部が順延順延で、だらだらと続き、サッカー部顧問の担任は今日も出張になりました。

『今日も留守を頼んだよ　良い子でいてね』

> おはよう
>
> きのうの教室そうじの動きをひと言で言うと、「てきぱき」。いい響きですね。見ていても気持ちがよかったですね。是非、何事もてきぱきと、どうせやるなら、サッサッとやりたいものです。

2008年10月7日（火）
Tuesday

欧米の学校では、清掃は業者の仕事だとか。本音を言うと、そうなら教師の仕事はどんなに楽か……
結構負担がかかる清掃指導も、子どもたちが力を合わせて取り組むようになれば、そこからクラスの連帯感や信頼感が生まれ、成長の原動力になります。
子どもたちが協力する姿は『見ていても気持ちがよかった』

> おはようございます
> 歌の練習をしていく中で
> 少しずつ意識の変わ
> っていく人が表れてきて
> うれしく思っています。
> 全員が心を一つにして、
> 歌えるようになることを
> 信じています。

2008年10月9日（木）
Thursday

新人戦が終わったら、今度は校内合唱コンクールです。全く息つく暇もありません。でも行事は子どもたちを成長させる力を持っているから頑張ります。

生徒の頑張りと、それに伴う成長は、担任だって知ってるよと、そっと背中を押します。『全員が心を一つにして、歌えるようになることを信じ』ながら……

2008年 **10**月**9**日（木）
Thursday

今日とってもうれしいことがありました。4ヶ月ほど前交通事故にあい、意識不明だった生徒が、事故後初めて登校できたのです。子どもたちは、黒板に一人一人言葉を書いて、その子の復帰を祝福しました。瀕死の重傷だったにもかかわらず、大きな後遺症も残らない奇跡的な回復で、ご両親もたいそう喜んでいます。ご家族やクラスのみんなの願いが神様に届きました。

> おはよう ございます!
>
> 今日は、生徒会役員選挙です。
> 立候補者の 演説をよく 聞いて
> 投票して下さい。大嶋くん、山田さん 頑張って!
> 留守になりますが、他の先生方に
> 失礼のないように!

2008年 10月 10日（金）
Friday

新人戦、合唱コンクールと続く行事の合間に『今日は、生徒会役員選挙です』
自分のクラスから2人も立候補しているのに、陸上の大会で朝から出張です。後ろ髪を引かれる思いで『大嶋くん、山田さん頑張って!』と留守を託しました。

> おはようございます
> 南側にぶどうの房が誕生しました。
> 一粒一粒はみなさんです。
> バランスよく美しいハーモニーの歌に仕上がるよう、一人一人が頑張ってほしいと思います。
> やるからには全力で!!

2008年 10月 15日 (水)
Wednesday

合唱コンクールに向けて、みんなが真剣に取り組み、良い成績を残すにはどうしたらいいか、クラスのみんなで話し合いました。結果を出すには目標が大事ということになりました。クラスの目標も大事だけど、個人個人の目標も大事、個人目標を明確にしようと、『ぶどうの房が誕生しました』

> おはようございます。
> 今日は前期の終業式。
> 落ち着いて過ごせるといいですね
> 机の落書きも全て消えました。
> 帰るまでに消すという約束を
> 守ってくれてありがとう、
> 気持ちよく前期がしめられ
> そうです。

2008年 10月 16日 (木)
Thursday

夏休みが終わって1ヶ月半、新人戦、生徒会役員選挙と続き、生徒の生活のリズムがやっと整ってきたと思ったら前期終了。2期制とはいえ、なんとも中途半端な時期の学期交代です。担任のそんな気持ちを知ってか知らずか……生徒はしっかり学期終了のけじめをつけてくれました。『机の落書きも全て消えました。帰るまでに消すという約束を守ってくれてありがとう』

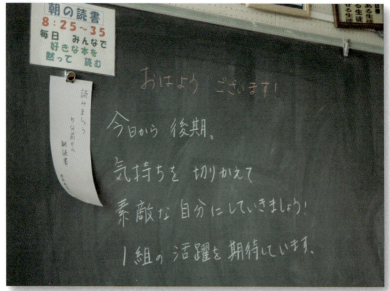

2008年 10月 20日（月）
Monday

前期が終わって、学期と学期の間のお休みは3日間、ゴールデンウィークより短い秋休みで、『今日から後期』
学期が変わって新学期になった気分になれない生徒の背中を押しつつ、自分にも言い聞かせます。
『気持ちを切りかえて素敵な自分にしていきましょう！』

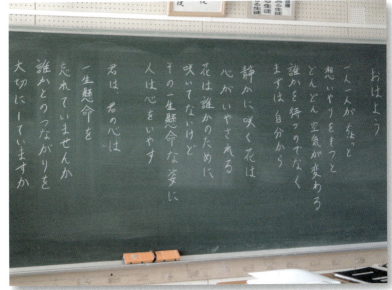

2008年10月21日（火）
Tuesday

黒板丸写しで担任の言いたいことを……

『一人一人がちょっと想いやりをもつとどんどん空気が変わる　誰かを待つのでなくまずは自分から　静かに咲く花は心がいやされる　花は誰かのために咲いてないけどその一生懸命な姿に人は心をいやす　君は、君の心は一生懸命を忘れていませんか　誰かとのつながりを大切にしていますか』

> おはようございます
> きのうあったいい話
> 早退した友達の給食当番を
> 自分からやってくれた人がいました。
> 黙々と配膳台を拭く姿は
> 立派でした。
> どうもありがとう

2008 年 10 月 22 日（水）
Wednesday

給食当番に欠員ができた時、そのまま放っておけば、配膳に滞りが出てみんなが困ります。そうならないように、黙って代われる生徒はすばらしいけど、配膳がスムーズに進むから誰も気づきません。

担任が今日の当番が誰であるか、個人のレベルで把握していたから、この子のことをクラスのみんなに紹介できたのです。

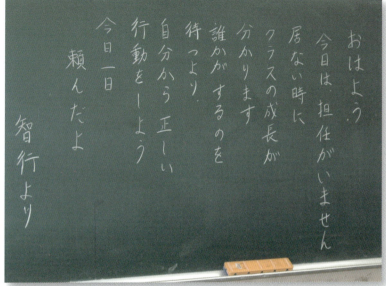

おはよう。
今日は、担任がいません
居ない時にクラスの成長が分かります
誰かがするのを待つより、
自分から正しい行動をしよう
今日一日頼んだよ
智行より

2008年10月24日（金）
Friday

新採用教員には、初任者研修があります。毎週金曜日がその研修日になっています。今日はそのため朝から出張です。研修のための出張は隔週ですが、学級担任には厳しい全日出張です。

『今日は、担任がいません　居ない時にクラスの成長が分かります　誰かがするのを待つより、自分から正しい行動をしよう　今日一日頼んだよ　　智行より』

> おはようございます
> 新しい週の始まりです。
> 木曜日には合唱コンクール、
> 土曜日には、沢山の方が
> 授業を見に来られます。
> 一人一人が真面目に
> 取り組み全力を出し、
> 「三尻中、いい学校だね」
> と言われるよう、頑張ろう。
> チャンスですよ、十一月一日は
> 私も頑張りますから

2008年 10月27日（月）
Monday

埼玉県では、11月1日を教育の日と定めました。三尻中学校は今年度熊谷市教育委員会の研究指定を受けています。教育の日の今週の土曜日に、その成果を発表する予定になっています。

熊谷市内のすべての学校から先生方が授業参観に来られることになっています。三尻中学校の良くなっているところを見ていただく絶好のチャンスです。『「三尻中、いい学校だね」と言われるよう頑張ろう』

> おはようございます。
> 合唱大会まであと二日。
> きのうの歌は先週より良かった！
> きのうより今日、今日より明日と向上していけるのがいいよね。
> 「生きる」ってことは「前進する」ことだって言ってたよね。

2008年 10月 28日 (火)
Tuesday

『合唱大会まであと二日』各クラスの練習にも熱が入ります。朝の会の前に教室で練習、放課後は、ピアノのある4つの場所を割り振り、時間で交代して（全学年では16クラスあるので）練習に励みます。男子と女子、パートとパート、指揮者と歌い手とそれぞれ意見を言い合い、時には激しい言葉を出しながらも、互いに互いを励ましながら、クラスごとの合唱を作り上げます。

> おはよう
> とうとう今日は
> 合唱コンクール！
> トップバッターという
> プレッシャーをはねのけ
> 「マイ バラード」を
> さくらめいとに響かせよう！

2008年10月30日（木）
Thursday

合唱コンクールもクラスごとの表彰があります。オリンピックの金メダルと同じで、いやそれ以上に優勝するには運も必要です。クラスごとの実力に大きな差が無いから、演奏順が大きく左右します。演奏順が一番で優勝したクラスは皆無です。合唱コンクール初体験の生徒は気づいていませんが、担任は抽選で決まった時から嫌な予感……『トップバッターというプレッシャーをはねのけ』と励まします。

2008年 10月 30日（木）
Thursday

『いよいよ合唱大会』いつものように朝練習、それも最後の朝練習です。

担任の励ます言葉の脇に、『来た人からうたいましょう』とリーダーの呼びかけ。その上には、歌う時の目標が箇条書きで書いてあります。その横では、好成績を願い「優勝」と書き込みを入れる生徒も……

2008年 **10**月**31**日（金）
Friday

担任の想いは順位じゃないと……

『昨日はとてもよかったです　感動しました　君達の心の中には何が残りましたか　悔しさですか　悲しさですか、がんばり通せた充実感ですか　友と協力したうれしさですか　素晴らしさですか　一生懸命にやったって…と投げやりな気持ちですか　君達の心には大切なものが残っていて欲しいと気づいて欲しいと思います　順位では決められない大切なものを
　　中川より』

2008 年 10 月 31 日（金）
Friday

好成績を残せたクラスは、担任の言葉も弾んでいるように見えます。

『合唱コンクール金賞おめでとう。昨日は四組の歌声をホールいっぱいに響かせてくれて本当にありがとう。四組の担任になってよかったと……心の中でうれしさをかみしめました。みんな一人一人が真剣に歌っている姿はきっと聴いている人たちを感動させてたことと思います』

三尻中・四方山話(よもやまばなし)

改革元年

『朝の黒板』に「三尻中良くなったと言われるよう頑張ろう」と散見されますが、生徒たちからも「入学した年を改革元年にしよう」という声が上がりました。「改革元年」をスローガンに生徒会副会長、生徒会長となる細野君を中心に様々な取り組みを創造的に行い、「最近の三尻中は良くなった」と言われるまでになりました。

細野君が「改革元年」として新たに取り組んだものの一つに「クリーンワールドカップ（通称：CWC）」というものがあります。三尻中学校のホームページに「三尻中学校オリジナルの大会です。各クラス、割り当てられた掃除場所を40分～50分間掃除し続けます。そして、どれだけきれいか点数をつけて競います。長期休業の前に、大掃除もかねて行います。」と紹介され、今もその伝統が守られているのはうれしいかぎりです。

November

11 月

霜月は地道にコツコツ……

NOVEMBER

1	土	教育週間 (〜 7 日)、研究委嘱発表日
2	日	
3	月	文化の日
4	火	全校朝会、ふれあい講演会
5	水	三尻サポート
6	木	市内音楽祭、B 日程終了、生徒会の日
7	金	振替休業日
8	土	
9	日	
10	月	C 日程開始、学年会
11	火	生徒朝会、プラネタリウム学習（3 年）
12	水	学年 PTA（3 年）
13	木	
14	金	県民の日
15	土	
16	日	
17	月	三者面談期間 (〜 21 日)
18	火	学年朝会
19	水	
20	木	
21	金	
22	土	
23	日	勤労感謝の日
24	月	振替休日
25	火	後期中間テスト
26	水	後期中間テスト
27	木	教研学習指導研究協議会
28	金	総合学力調査（3 年）
29	土	体験講座
30	日	

2008 年 11月の 出来事

アメリカ大統領選挙でバラク・オバマ氏が当選

4 日に行われたアメリカ大統領選挙で、民主党のバラク・オバマ氏が共和党のジョン・マケイン氏を大差で破り、第 44 代アメリカ合衆国大統領に就任することが決まった。オバマ氏は、地元であるイリノイ州・シカゴで勝利宣言を行い、7 万人の観衆を前に「アメリカに変革をもたらすことができた」と語りかけた。

2008年11月4日（火）
Tuesday

土曜日は熊谷市教育委員会指定研究の発表で、授業公開がありました。
『土曜日の道徳では、じっと考え、一生懸命、言葉を捜し、発表してくれて、とてもうれしかったです。
参観された先生方からも、落ち着いた生徒達であいさつをとてもよくしてくれた、とおほめの言葉をいただきました。
三尻中の良い評判が熊谷中に流れることと思います。』

> おはよう
> 元気なあいさつ
> 優しい笑顔
> 輝く瞳
> それが若者の象徴です

2008年 11月 5日（水）
Wednesday

優勝をねらって、クラス一体となって取り組んだ合唱コンクールも先週終わりました。よく頑張ったけど、優勝は逃し生徒の胸には穴が開いてるみたいです。

楽しみにしている部活動は、新人戦が終わり、活動の目標を見失ってるみたいです。おまけに日没時間と連動している下校時間がどんどん早くなり、活動時間が不足がちです。子どもの表情が心なしか沈んで見えます。

2008年11月12日（水）
Wednesday

今のクラスの表情から……
『もし世の中が自分の思った通りになるならちょっとうらやましいけどつまらない世界だと思う　となりに君がいるから色々な感情がうまれる　となりのとなりに仲良しの子がいるから優しい気持ちでいられる　となりのとなりのとなりにあまり話さないけど一生懸命にがんばっている人がいる　38人＋1人の様々な沢山の想いがあふれている　みんな大事』

> おはよう
> 真っ先に教室に向かう
> 教室の中を見渡す
> 何もかもが静然と
> 整理されている
> その美しい教室で
> 今日も1日勉強できる
> 嬉しいことじゃないか

2008年 11月 12日（水）
Wednesday

学級担任は、毎朝教室の戸を開けた瞬間、教室の姿から様々なことを感じます。

良いこと悪いことたくさんありますが、こんな良いこともたまにはあります。こんなことはみんなの宝だから、知らせたい。

でも、その時、別の連絡や、注意しておきたいことがあり、黒板に書けないことも多々あります。

ほかのことが無くてきっちり書けて、ラッキーでした。

> おはようございます
> 期末テスト ちゅうかんです までちょうど一週間です。
> 一時間一時間
> 授業を大切にしましょう。

2008年11月18日（火）
Tuesday

定期テストまで1週間というこの日、『一時間、一時間、授業を大切にしましょう』とテストへの取り組みの大切さを訴えました。3期制の頃なら今は期末テスト……つい『期末テストまでちょうど一週間です』と書いちゃいました。すかさず生徒から『ちゅうかんです』と訂正が書かれてしまいました、しかもひらがなで……落書きと言えば落書きだけど、一所懸命読んでくれている証拠なので不問に。

> おはよう
> 気づかなくても出来る事がある
> 気をつけないと出来ない事がある
> 小さな事を大切に
> 小さな成長を大切に

2008年11月20日（木）
Thursday

夢中で体を動かし、やりたいことを思いっきりやり、あっという間に1日が終わっちゃう。中学1年生なんてそんなものじゃあないでしょうか。自分の周りのことなんて考えられなくて当たり前。でも、たまには考えて欲しい……

『気づかなくても出来る事』って何だろう？

『気をつけないと出来ない事』って何だろう？

> おはよう
> 北風寒い季節になりました
> 間もなく近くの山々も
> 雪景色になります
> 寒く冷たい時にこそ
> 大地にしっかり根を張り
> 力強く生きて欲しいと思います

2008年 11月 20日 (木)
Thursday

三尻中学校の窓からは、遠くに浅間山、近くに赤城山が見えます。

遠くの浅間山はもう雪景色、「あの雪の模様は人が"ムッ"って言ってるみたい」って言う生徒がいます。

浅間山を見て、「アッ赤城山にも雪が降った」という生徒もいます。

もうすぐ本当の近くの赤城山も『雪景色になります』

> おはよう
> 強い雨で
> 足元がぬれて
> しまいました。
> 傘を差しても
> 足元はぬれる。
> 身がぬれるのを防ぐために、
> 傘も靴もあります。
> 自らを犠牲にして

2008年 11月 28日（金）
Friday

相手の立場になって考える、口で言うのは易しいけれど、実行するのは困難だ。

物事はいろんな方向から柔軟に考えることが大事、よく言われるけれど、教員になったら下手になったような気がする。雨の日の朝ちょっと訓練してみた……

『身がぬれるのを防ぐために傘も靴もあります。自らを犠牲にして』

December

12月

師走でもせめて速足歩きで……

DECEMBER

1	月	振替休業日
2	火	全校朝会
3	水	
4	木	
5	金	職員会議
6	土	資源回収、PTA 熊谷市バレーボール大会
7	日	
8	月	内申点提出日（3年）、学年会
9	火	生徒朝会
10	水	
11	木	進路学習会（2年）
12	金	生徒会の日、「夢」講話
13	土	資源回収予備日
14	日	
15	月	校内研修、校内後期人権旬間 (～19日)
16	火	学年朝会
17	水	
18	木	
19	金	
20	土	
21	日	
22	月	大掃除、ワックス塗布
23	火	天皇誕生日
24	水	全校集会、授業終了日
25	木	冬季休業日（～7日）
26	金	
27	土	
28	日	
29	月	
30	火	
31	水	

2008年12月の出来事

企業で相次ぐ大量解雇

急激な景気後退を受け、大手メーカー企業が相次いで減産と従業員の削減を発表した。日産自動車は、派遣社員2,000人の契約を打ち切り、ホンダは760人の期間従業員の削減を発表。マツダは1,500人を削減することを決め、トヨタ自動車は工場ラインの一部を一時停止するなど、異例の減産に踏み切った。

2008年 12月 5日（金）
Friday

今日も初任者研修で1日出張……

『心は目に見えない　でも、その人のために何かしてあげたいと思う　心は、行動によって見えてくる　誰が好き、あの人は嫌いと選んで動くのは、心でなく損得でずるい気がする　全員が笑顔に少しでも多くの人が笑顔に　簡単な事が損得が入ると難しくなる　みんなが笑顔でいられるクラスが良いね　主役は君達一人一人』

> おはようございます
> 昨日、努力の足跡が返されました。
> 自主学習ノートを続け、集中して授業を受けていた人は着実に成績を伸ばしています。
> 下がってしまった人、今月の授業から、また仕切り直しをしましょう。

2008年12月11日（木）
Thursday

『昨日、努力の足跡が返されました』各人の定期テスト結果をまとめたファイルを、三尻中学校では「努力の足跡」と称しています。「努力の足跡」には各教科の得点、校内順位、学年平均などが記入されています。当たり前だけれど、日頃の努力が結果に出ます。

『自主学習ノートを続け、集中して授業を受けていた人は、着実に成績を伸ばしています。』

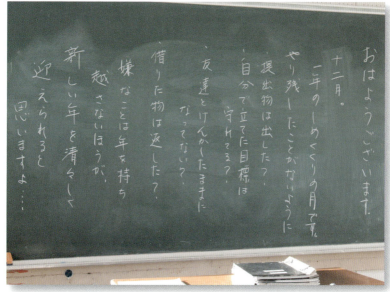

2008年 12月 15日（月）
Monday

子育て中の担任はやっぱり自分の子どもに言うように……

生徒にはフフと笑みが……

『やり残したことがないように

・提出物は出した？

・自分で立てた目標は守れてる？

・友達とけんかしたままになってない？

・借りたものは返した？

嫌なことは年を持ち越さないほうが、新しい年を清々しく迎えられると思いますよ……』

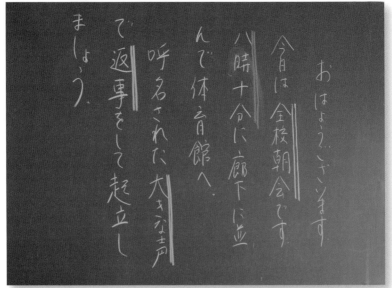

> おはようございます
> 今日は全校朝会です
> 八時十分に廊下に並
> んで体育館へ。
> 呼名された大きな声
> で返事をして起立し
> ましょう。

2008年12月16日（火）
Tuesday

熊谷市教育委員会が市民に出した「熊谷の子どもたちはこれができます！」の「4つの実践」のひとつに「呼ばれたら"はい"と元気よく返事します」というのがあります。三尻中学校も熊谷の学校なので、生徒に指導しています。1年生は上級生の目を気にして、声が小さくなりがちです。

今日の全校朝会では、新人戦や各種コンクールでの賞状伝達があります。

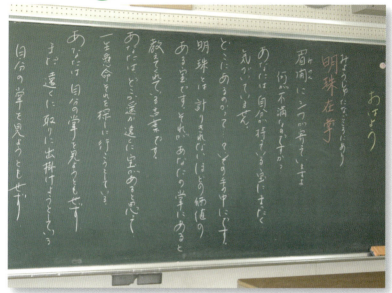

2008年12月17日（水）
Wednesday

子どもの様子を見ていて、ちょっと言いたくなり長文になっちゃいました。
『明珠在掌（みょうじゅたなごころにあり）　眉間（みけん）にシワが寄っていますよ　何が不満なのですか？　あなたは自分が持っている宝にまったく気づいていません。どこにあるのかって…？　その手の中にです。明珠とは計りきれないほどの価値のある宝です。それがあなたの掌にあると教えてくれている言葉です』続きは上を……

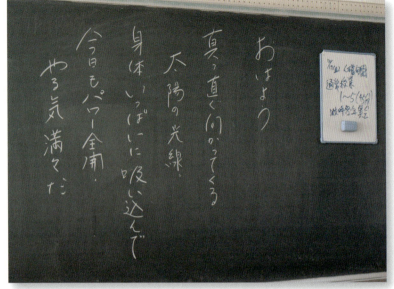

おはよう
真っ直ぐ向かってくる
太陽の光線、
身体いっぱいに吸い込んで
今日もパワー全開・
やる気満々だ

2008年12月19日（金）
Friday

師走も半ばを過ぎました。師走なので、子どもたちに「君たちにとっても楽しいことがたくさんあって多忙な時なのでしょうが、私たち師＝教師にとっても仕事が山積している時です」と話しかけました。学期末ではありませんが、後期前半（変な言葉ですが2期制なので）が終了するので、教師は成績処理などで多忙です。自分を奮い立たせるために……
『今日もパワー全開、やる気満々だ』

January

1月

気持ちも新たに……

JANUARY

1	木	元日
2	金	
3	土	
4	日	
5	月	
6	火	
7	水	
8	木	授業開始日、全校集会
9	金	職員会議、給食開始
10	土	
11	日	
12	月	成人の日
13	火	全校朝会（表彰）
14	水	
15	木	生徒会の日
16	金	新入生説明会
17	土	
18	日	
19	月	学年会、キャリア教育 (2年・〜23日)
20	火	
21	水	
22	木	私立高等学校入学試験中心日
23	金	生徒会の日
24	土	
25	日	
26	月	職員会議
27	火	生徒朝会、公立高等学校入学願書提出日（3年）
28	水	
29	木	三尻サポート
30	金	防災訓練
31	土	

2009年 1月の出来事

箱根駅伝で 東洋大学が初優勝

箱根駅伝は85回目を記念して史上最多の23チームで行なわれ、往路は5区で柏原選手の8人抜きにより東洋大学が初優勝した。復路は6区で2位に後退した東洋大が、8区で再び首位に立ちそのまま逃げ切り、初の総合優勝を果たした。初出場から77年目、67回目の挑戦での総合優勝は最も遅い記録となった。

黒板:
新年明けまして
　　おめでとうございます

ゆったりとした気分で お正月を
過ごせましたか？
今年は スキー林間もあります。
1年生として 締めくくりの 3ヶ月、
有意義な 生活にしていきましょう。

- 通知票
- 百人一首の紙
- 給食の作文 2枚
- 新年の抱負 2枚
- 冬休みの計画表
- 書き初め
- 雑巾 2枚
- ビニール袋 2枚
- 箱ティッシュ 1箱
- みしり野

2009年 1月 8日（木）
Thursday

新年を迎え、冬休みが明けました。

さあ3学期、新しい年に新しい学期の始まりだ！　などと、以前なら子どもたちの新鮮な気持ちにより添ったスタートができました。今日は後期後半開始です。始業式ならぬ後期後半開始朝会で授業再開です。

でも新年を意識して……

『今年はスキー林間もあります。1年生として締めくくりの3ヶ月、有意義な生活にしていきましょう。』

> おはよう
> 当たり前の事が
> 一番難しい
> 当たり前だから
> 気がつかない
> 当たり前の事が
> できない人にとって
> 当たり前は
> 当たり前ではなく
> それをやろうとすると
> 苦痛になる
> それを治さないと
> 心の成長はない
> 当たり前の事って
> 難しい
> 二日目は、慣れてきて
> いい加減になるもの
> しっかりと当たり前に！

2009年 1月 9日（金）
Friday

若い新任教師は、言いたいことが山ほどあり、言っても言っても尽きません。

『当たり前の事が一番難しい　当たり前だから気がつかない　当たり前の事ができない人にとって当たり前は当たり前ではなくそれをやろうとすると苦痛になる　それを治さないと心の成長はない　当たり前の事って難しい。二日目は、慣れてきていい加減になるもの　しっかりと当たり前に！』

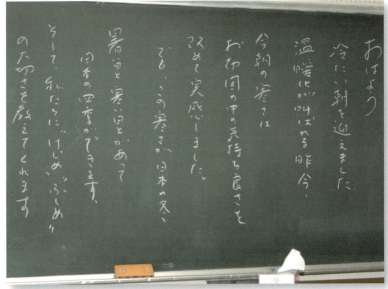

2009 年 1 月 9 日 (金)
Friday

寒に入り、『温暖化が叫ばれる昨今』ですが、『今朝の寒さは
お布団の中の気持ち良さを改めて実感しました。』子どもたち
も今朝は布団から抜け出すのが嫌だったに違いありません。
『この寒さが日本の冬』です。子どもたちに共感するだけで
いいんだけど教師の職業病で……
『暑い日と寒い日とがあって日本の四季ができます、そして、
私たちに"けじめ""ふしめ"の大切さを教えてくれます』

> おはよう ございます！
>
> 3連休は どんなふうに 過ごしましたか？
> 部活を 頑張った人、テストの勉強を
> 頑張った人、家の人の 手伝いをした人…
> 新年の抱負を 少しずつでも 達成させて
> いきましょう。1月は あっと言う まに 行ってしまいますよ。

2009年 1月 13日 (火)
Tuesday

昨日が成人の日だったので、今日は3連休明けです。休みが少し長く続くと、子どもたちの過ごし方が気になります。頑張ったことは評価してあげたい。きっと新年の抱負に書いたことを頑張ったんだろうな、と想いが膨らみます。
『3連休はどんなふうに過ごしましたか？ 部活を頑張った人、テストの勉強を頑張った人、家の人の手伝いをした人…』

2009年 1月 16日（金）
Friday

三尻中学校には2つの小学校から生徒が入学してきます。中学入学準備を始める今頃、小学6年生とその保護者を学校に招いて、新入生説明会を行っています。

1年生も昨年の今頃、みんなでそろって校門をくぐったはずです。来し方を振り返り、『初心に戻ることは、今の自分をより成長させる為にとても大切なことです。楽なほうに、流されないこと。自分自身に強く、気持ちを正しましょう』

> おはよう
> 今日から2年生はキャリア教育
> 部活動は1年生が主体です
> 1年は1年生だけのチームをしっかり作り
> 部活動 がんばりましょう
> この一週間は来年度の皆さんの
> 活躍を知る いい機会です
> 私も遠くから見つめています

2009年 1月 19日 (月)
Monday

　キャリア教育＝職場体験学習を三尻中学校ではこの時期に行います。２年生は５日間学校に来ないで、希望したそれぞれの職場に向かいます。
　部活動は３年生が引退した今、１年生だけでの活動になります。子どもたちにとって先輩のいない部活動ほど、楽しいものはありませんが、来年度の準備でもあります。
　『この一週間は来年度の皆さんの活躍を知るいい機会です』

> おはよう
> 寒さ本番
> 今朝は学年朝会
> 静かに集団行動が
> とれるかが
> スキー林間を成功させる
> ポイントです

2009年 1月 20日（火）
Tuesday

２月のはじめにスキー林間があります。実行委員会を組織して、着々と準備を進めています。冬の下校時間が早くて、時間の使い方に苦労しながら、実行委員の話し合いが進められています。そんな実行委員たちの苦労を見ていると、学年朝会を利用して応援です。

『静かに集団行動がとれるかがスキー林間を成功させるポイントです』

> おはようございます!
> 今日は、スキー林間説明会です。
> 細かい内容についても話されるので
> メモをしっかりとって当日に備えましょう。
> 自分の係についても、内容を把握しましょう。

2009年 1月 21日 (水)
Wednesday

スキー林間では家庭での準備もあるので、保護者対象の説明会は今日あたりがタイムリミットです。
説明会は、生徒と保護者が同伴の場で、実行委員が説明します。これで少しは実行委員が説明しやすくなるかしら……
『メモをしっかりとって当日に備えましょう。』

> おはようございます!!
> 今日は、私立高校入試の
> 中心日です。3年生は 緊張して
> 今日を迎え、今まで 努力してきた
> 成果を 発揮しようと、頑張っている
> ことと思います。2年後 どんな進路を
> 選択しているのでしょうか…。

2009年 **1**月**22**日（木）
Thursday

「まなぶ」は「まねる」から転化したとか、ほかの学年の活動は大いに伝えた方が良い。中学生にとって高校入試は大問題です。でも、1年生にはまだまだ遠い世界のことと思っていたり、考えないことにしている生徒が多いみたいです。
『今日は、私立高校入試の中心日です。3年生は、緊張して今日を迎え、今まで努力してきた成果を発揮しようと、頑張っていることと思います』

173

> おはよう。
> きょうの説明会では
> 実行委員の人達、
> 今までの頑張りをしっかりと
> 発表できました。
> 寒い中でしたが、きちんとした
> 態度で最後までできた事が
> 大変良かったと思います。
> 皆で協力して、
> 思い出に残るスキー林間に
> なるようにしましょう。

2009年 1月22日（木）
Thursday

　スキー林間説明会は実行委員の頑張りと、聞く側の協力でうまくできました。
『寒い中でしたが、きちんとした態度で最後までできた事が大変良かったと思います。皆で協力して、思い出に残るスキー林間になるようにしましょう。』

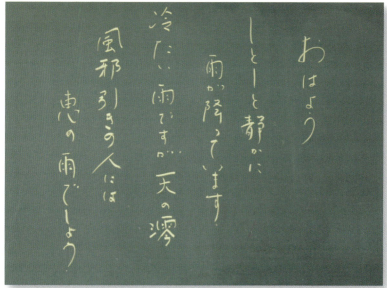

おはよう
しとーと静かに
雨が降っています
冷たい雨ですが…天の澪
風邪引きの人には
恵の雨でしょう

2009年 1月22日 (木)
Thursday

インフルエンザの流行する季節になりました。少しずつ欠席する生徒が増えてきて、スキー林間に影響しないか心配です。この雨が一気にカゼの流行を一掃してくれないかと切に願います。

> おはよう
> 昨日のレクは、
> 大成功でしたね
> 三人欠席したのは
> 残念でした
> 次こそ、スキー林間こそ
> みんなでおもいっきり
> 楽ーみましょう

2009年 1月23日（金）
Friday

学年でスキー林間の取り組み中に、学級レクをやるなんて……ちょっと無理かな？　ほかのクラスの担任からひんしゅくをかうかな？　とも思いつつ取り組んだ学級レクでした。
ほかのクラスの先生方も温かく見守ってくださり、ホッと胸をなで下ろしました。
『昨日のレクは、大成功でしたね　三人欠席したのは残念でした　次こそ、スキー林間こそみんなでおもいっきり楽しみましょう』

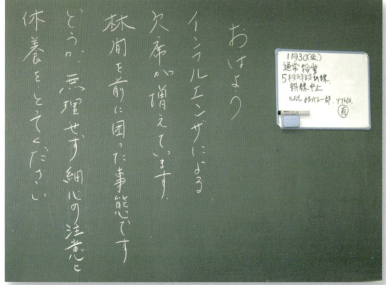

おはよう
インフルエンザによる
欠席が増えています。
林間を前に困った事態です
どうか、無理せず細心の注意と
休養をとってください

1月30日(金)
通常授業
5校時時間割練習
部活動中止
ただし、女子バレー部、4/7時は有

2009年 1月 30日（金）
Friday

『インフルエンザによる欠席が増えています。』流行の勢いが止まりません。スキー林間前なので、たまらず生徒にこんなお願いをしたものの、流行を押さえることはできませんでした。残念ながら、スキー林間に行けない生徒を出してしまいました。無理して行って、夜発熱し、途中で帰らざるを得ない生徒も出してしまいました。間の悪いインフルエンザの流行でした。

Column

三尻中●四方山話
よもやまばなし

住所は三ケ尻なのに三尻中？

三尻中学校は昭和22年三尻村立三尻中学校として開校し、昭和29年熊谷市編入で今の学校名になりました。つまり、三尻村唯一の中学校だから三尻中学校ということになったのでした。

三尻村は明治22年三ヶ尻村・拾六間村・新堀新田村が合併し、幡羅郡三尻村となりました。その際、村名をつけるに当たり、三つの村が集まったという意味から「三」、一番大きな集落であった三ヶ尻から「尻」を取り「三尻村」と名付けたそうです。旧村名を大字とし、今でも「三ヶ尻」「拾六間」「新堀新田」の大字名が残っています。こうして三尻中学校の住所は大字三ヶ尻になっています。

ちなみに、三ヶ尻の由来には諸説あり、観音山の形状が、「ミカ（神社の祝詞で神酒を入れる容器の意味）が伏せて尻（底）を見せているようだ」ということで、ミカジリから三ヶ尻となったという説もあります。

February

月

スキー林間の成功へ！

1	日	
2	月	学年会、部活無し（1年）
3	火	スキー林間（〜5日）、県公立高校入試前期面接
4	水	県公立高校入試前期適性
5	木	
6	金	
7	土	漢字検定
8	日	
9	月	教育課程編成委員会
10	火	県公立高校入試前期発表
11	水	建国記念の日
12	木	フリー参観、職員会議
13	金	授業参観、懇談（1,2年）
14	土	
15	日	部活動無し(〜19日)
16	月	校内研修
17	火	
18	水	
19	木	後期期末テスト
20	金	後期期末テスト、生徒会の日
21	土	
22	日	
23	月	職員会議
24	火	
25	水	
26	木	県公立高校入試後期学検
27	金	県公立高校入試後期適性
28	土	
29	日	
30	月	

2009年 2月の 出来事

米アカデミー賞で 日本映画が快挙

アメリカ最大の映画の祭典・第81回アカデミー賞の授賞式がロサンゼルスで行われ、日本映画『おくりびと』が外国語映画賞を、『つみきのいえ』が短編アニメーション作品賞を受賞した。両部門での日本作品の受賞は史上初で、日本の作品が2部門で同時に受賞するのも史上初のこと。

2009年2月6日(金)
Friday

『おはようございます　スキー林間を通してみんなが学んだ事は何ですか？　集団で生活する上で気をつけなければいけない事がたくさんあります。きまりを守る、場の雰囲気を考える、役割を果たす、等々、この三日間で上手くいった事、考えなければいけない事、両方あると思います。今日から、また始まりです、成長した皆さんの姿を期待します。』

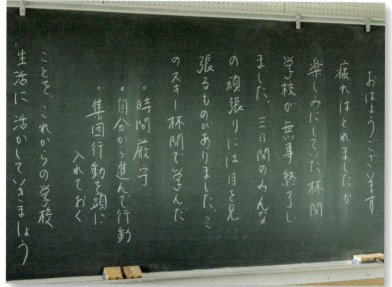

2009年 2月 6日 (金)
Friday

『おはようございます。疲れはとれましたか

楽しみにしていた林間学校が無事終了しました。三日間のみんなの頑張りには目を見張るものがありました。このスキー林間で学んだ

・時間厳守
・自分から進んで行動
・集団行動を頭に入れておく

ことを、これからの学校生活に活かしていきましょう』

> おはよう
> 林間はもう終わった
> みなさんが成長するために、
> 次にどんな目標を
> 定めるだろうか、
> 目標があって努力する。
> 努力するから
> みなさんは、成長するのです

2009年2月9日（月）
Monday

思い出に浸り、今のことがおろそかになることはよくあることです。特にうまくいったことや、楽しかった思い出こそ、その傾向が強いのではないでしょうか。

1年生のスキー林間は、インフルエンザによる欠席者が出てしまったこと以外、前の朝の黒板の表記のように大成功でした。でも、もうそろそろ、思い出から脱却しなければならない時期になりました。

『林間はもう終わった』

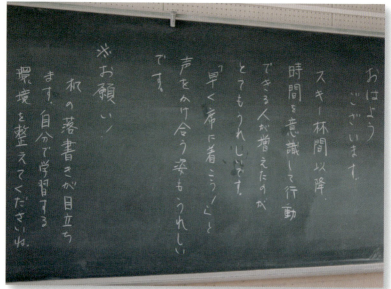

2009年 2月 10日 (火)
Tuesday

行事は人を育て、学年を向上させます。スキー林間も例外ではありません。
『スキー林間以降、時間を意識して行動できる人が増えたのがとてもうれしいです。「早く席に着こう!」と声をかけ合う姿もうれしいです』
1年生の今後が、ますます楽しみになってきました。

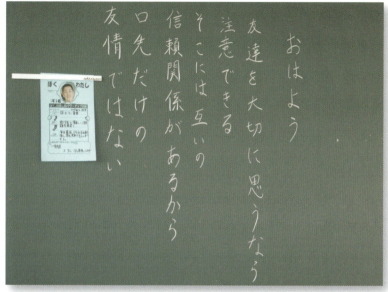

> おはよう
> 友達を大切に思うなら
> 注意できる
> そこには互いの
> 信頼関係があるから
> 口先だけの
> 友情ではない

2009 年 **2** 月 **10** 日 (火)
Tuesday

「自分は人からどう思われているんだろう?」、「言葉で人を傷つけたくない」等と気にするあまり、中学生も交友の仕方が難しくなっているようです。友達との関わりも表面的になっているとも感じます。子どもたちには本当の友情を築いて欲しい、このクラスのなかから、自分の腹心の友と言える友達ができて欲しい……

『友達を大切に思うなら注意できる　そこには互いの信頼関係があるから』

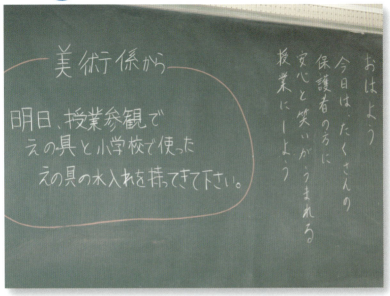

2009年 **2**月**13**日（金）
Friday

「子どもたちのより良き成長には、学校と家庭との連携が大事だ」とよく言われます。連携を進めるには、お互いの信頼関係が構築されるのが大前提になります。

今日は今年度最後の授業参観です。授業参観は保護者からの信頼を得る絶好の機会です。学年末は、この1年間の取り組みの成果が現れるからなおさらです。

『今日は、たくさんの保護者の方に安心と笑いがうまれる授業にしよう』

> おはよう ございます！
> 昨日　学年の先生方から、階段に掲示した「テスト対策」を、とても誉めていただきました。1組の頑張りを認めていただけて、とても 嬉しく なりました。

2009年 2月 18日 (水)
Wednesday

期末テストに備え、1組の学習班が、各教科の重要ポイント(例えば、宗教改革…ルターがカトリック教会で始める) を、階段の蹴上(けあげ)に掲示してくれました。 子どもたちは、まず朝登校した時にこれを目にし、教室移動のたびにも読めたし、給食当番は給食を運びながらまた目にしたでしょう。この掲示を機会に「ああテスト前だ、勉強しなくっちゃ」と動機づけられた人もいるのではないでしょうか。

※『蹴上』については P.180 の写真をご覧ください。

> おはよう ございます!
> 今日は 期末テスト 1日目と
> いうこともあり、ちょっと 不安な
> 気持ちで 朝を迎えた人もいた
> ことでしょう。じっくり 最後まで
> 問題をよく 読んで、答えましょう。
> 頑張れ!!

2009年 2月 19日 (木)
Thursday

『今日は期末テスト1日目』です。テスト勉強にうまく取り組めなかった者ほど、テストの時に諦めが早かったり、問題をよく読まずにトンチンカンな答えで失敗するケースが多いものです。

『じっくり最後まで問題をよく読んで、答えましょう。

頑張れ!!』

> おはようございます。
> 今日の1、2時間目は
> 実力テストがあります
> 根本先生は出張でいませんが
> しっかりと授業を受けましょう!!

2009年 **2**月**25**日（水）
Wednesday

担任もときには黒板に書くのを忘れることもあります。特に次の日が朝から出張の時には、前日に意識して書いておかないと間に合わないので忘れることもあります。

この日は朝登校した生徒が、黒板に何もないのに気づき、明日出張と聞いていたのでしょう、気を利かせて書いてくれました。字も違うし、『根本先生は出張でいません』という文言で、すぐ生徒作とわかっちゃうのにいつものスタイルまで真似して……

> おはよう
> きのうは、時間を守って行動することができた一日でしたね。
> 今日は週の最後の一日。
> しめくくりをしっかりしよう

2009年 2月27日（金）
Friday

今日は2月最後の授業日です。1年生も余すところ1ヶ月を切りました。

今週の重点として、学年委員会では学年のまとめとして、「日々の生活習慣の再確立と提出物の完全提出を目指そう」と呼びかけました。

このクラスでは、その呼びかけに応えて成果が出たみたいです。

> おはよう
> 16チェックを見ました
> ほとんどの人が、しっかりと
> 振りかえりができています
> 正直にチェックできています
> 今週最後、
> しっかりとした態度で
> すごしましょう
> 行動あるのみ。

2009年2月27日（金）
Friday

生活習慣の再確立のために、学年委員会ではチェック表を作りました。「遅刻してないか」、「朝読書が静かに席についてできているか」、「チャイム着席ができているか」、等16項目になりました。

『16チェックを見ました　ほとんどの人が、しっかりと振りかえりができています　正直にチェックできています　今週最後、しっかりとした態度ですごしましょう　行動あるのみ』

Column

三尻中●四方山話

電波時計（卒業記念）

体育館の東側面にプールから見える位置に、ちょっと大きめのソーラー電波時計があります。この時計はこの『朝の黒板』の時代の生徒たちの卒業記念品です。

卒業記念品を何にするかという話になった時、「プールから見える時計がないので、水泳の授業の後時間で行動するのが大変だ」という声が生徒の間からあり、プールから見える位置に時計を設置しようということで話がまとまりました。「改革元年」のスローガンを掲げた生徒たちらしく「時間で行動」し、「自主活動を活発にしよう」という思いのこもった記念品です。

またこの時計の位置は正門からもよく見えるので、朝の登校指導時や放課後の下校指導時にも、きっちり正確な時刻を一日も休むことなく刻み続け、在校生たちが時間を守って生活をするのに役立っています。

March

3月

1年を振り返り進級準備です！

MARCH

1	日	
2	月	
3	火	全校朝会、PTA3校(籠原小、三尻小、三尻中)連絡会
4	水	お別れ球技大会(1年)
5	木	生徒会の日、登校指導
6	金	県公立高校入試後期発表
7	土	資源回収
8	日	
9	月	3年生を送る会
10	火	全校朝会
11	水	お別れ球技大会(1年)
12	木	卒業式予行
13	金	卒業式準備
14	土	卒業式
15	日	
16	月	振替休業日
17	火	生徒朝会
18	水	臨時休業日(～26日・3年)
19	木	
20	金	春分の日
21	土	
22	日	
23	月	給食最終日(1,2年)
24	火	学年朝会
25	水	大掃除、ワックス塗布
26	木	修了式
27	金	学年末休業日(～4月7日)
28	土	
29	日	
30	月	
31	火	

2009年3月の出来事

ワールドベースボールクラシックで日本が優勝

野球のWBC、ワールドベースボールクラシック第2回大会決勝で、日本は韓国を、5-3で破り優勝した。日本は9回に追いつかれ延長戦に入ったが、10回表、イチロー選手のタイムリーヒットにより2点を奪った。日本はその裏、ダルビッシュ有投手が韓国打線を押さえ、2006年に続く2連覇を果たした。

> おはよう ございます!
> いよいよ、3月が 始まりました。
> 1月は 行ってしまう。
> 2月は、逃げてしまう。
> 3月は、去ってしまう。…というくらい。
> あっと 言う間に 過ぎます。
> 大切に、一日一日を 生活しましょう。

2009年3月2日（月）
Monday

どうしてこう言うんだろうねと生徒に聞いたら、「1月は正月があり、2月は元々28日で普通の月より短く、3月は年度末なのでやることが多いから日が早く過ぎる（やることが多いのに思うように進まない）ということを表すのに、それぞれの数字の読みを取って、1月="行く"、2月="逃げる"、3月="去る"と呼ばれるようになったということを、本で読んだことがあります」と返ってきました。

> おはよう
> ございます
>
> 日本全国
> 共通語
>
> 日本、そして世界に
> 通じる最も簡単で
> 難しいことば。
>
> この朝のあいさつです。

2009年 3月 3日（火）
Tuesday

学校ではいろいろな場面で、いろいろな目標を決めて取り組みます。達成が困難な目標、誰でもできそうで100％できて欲しいと思う目標、等様々です。

三尻中学校にはあいさつ運動もあります。生徒たちは、三尻中学校はあいさつの良くできる学校だと誇りにしています。

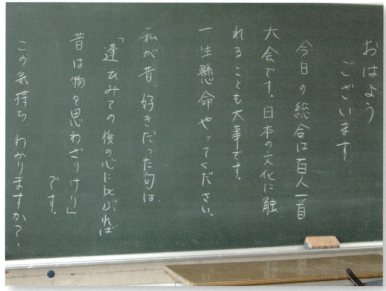

2009年 3月4日（水）
Wednesday

　国語の冬休みの宿題に「百人一首から20首を暗記する」というのがありました。
　『今日の総合は百人一首大会です。日本の文化に触れることも大事です。一生懸命やってください。私が昔好きだった句は「逢ひみての後の心に比ぶれば昔は物を思わざりけり」です。この気持ち、わかりますか？』
　冬休み中に覚えた20首は、ぜひ取れるように頑張って欲しいものです。

> おはよう
> 放課後、教室に来て
> みたら、大変整とんされて
> いて、びっくりしました。
> スッキリとして、気持ちが
> 良いですね。この一年がきち
> んと締めくくれそうで、うれ
> しくなりました。
> どうもありがとう。

2009年3月5日（木）
Thursday

学校の教育活動は、なかなか思うようにいきません。意図した通りうまくいかない方が多いのですが、意図以上に生徒がやってくれることも……

『放課後、教室に来てみたら、大変整とんされていて、びっくりしました。スッキリとして、気持ちが良いですね。この一年がきちんと締めくくれそうで、うれしくなりました。
どうもありがとう。』

> おはよう。
> 悪い事をして
> 間違った事をして
> 心が痛くならないのか
> おこられる時の
> 嫌な気持ちとは
> 比べられない程に
> 自分の体全体で
> 心が痛くならないのか

2009年3月5日（木）
Thursday

問題行動の指導後、子どもたちは口々に「反省しました、もうしません」と口をそろえていました。担任には、どうしても心から反省しているように見えません。

『悪い事をして間違った事をして心が痛くならないのか　おこられる時の嫌な気持ちとは比べられない程に自分の体全体で心が痛くならないのか』

百人一首大会で、優勝したクラスです。好成績後のコメントは簡単に書けます。
『昨日は百人一首大会で、また四組の力を見せてもらいました。何事にも真剣に取り組むことができる人が多いクラスで担任としては大変嬉しく思います。最後まで……
よろしくお願いします』

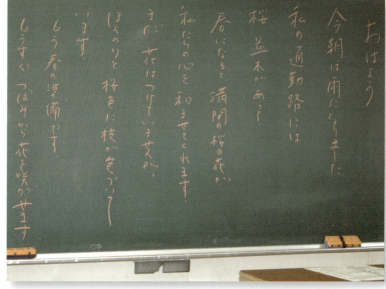

2009年 3月 6日（金）
Friday

　自分の中学生の頃を振り返ると、自然の変化には無頓着だったような気がします。
　子どもたちの2年生への準備も期待し、
『今朝は雨になりました　私の通勤路には桜並木があって、春になると満開の桜の花が私たちの心を和ませてくれます。まだ花はつけていませんが、ほんのりと桜色に枝が色づいています。もう春の準備です。もうすぐつぼみから花を咲かせます』

2009年3月9日（月）
Monday

3月は巣立ちの季節、3年生の卒業に向けて、いろいろ行事があります。1年生にはいろいろ考えながら参加して欲しい。
『今日は三年生を送る会、今日一日は、三年生のことをしっかり考えて送り出しましょう　そして、その先にある、自分自身の卒業の日を是非、重ね合わせてください』

> いつも同じ事で
> 注意する
> その子は直さない
> そのうち
> 他の子も まねをする
> つかれるなぁ

2009年 **3**月**10**日（火）
Tuesday

直して欲しいことが、何度言っても直らない、よくあることじゃないでしょうか。子育て中の人、子育てを経験した人なら、この気持ちはよく分かるんじゃないでしょうか。
生徒に「ぼやき」は禁物かもしれません。でも担任の気持ちが、これで解ってもらえるかもと……一縷の希みを託して、
『いつも同じ事で注意する　その子は直さない　そのうち他の子もまねをする　つかれるなぁ』

> おはようございます!
>
> 今日は、球技大会です。
>
> ぜひ、各種目で 全力を出して
> 優勝を ねらって下さい。
> けがをしないように…!!
> ファイト〜〜

2009年 **3**月**11**日（水）
Wednesday

「行事は人を成長させる」は学年の共通認識です。できる限り行事を組んであげたい、それも楽しい行事を……
総合的学習の時間が後期は2時間、時間割を水曜の午後連続で組んでいただけたのはとてもありがたい。先週の百人一首大会に続き、今週は学年球技大会です。
『ぜひ、各種目で全力を出して優勝をねらって下さい。
けがをしないように…!!　ファイト〜〜〜』

> おはようございます
>
> 球技大会、総合優勝
>
> おめでとう!! 一人一人が
>
> その種目で自分の力を発揮して
>
> 39人で頑張った成果です。
>
> 最後の行事の 総合優勝は
>
> とても価値があります!!

2009年 3月12日（木）
Thursday

朝の黒板での応援が功を奏してか、優勝できました。
最後の行事の優勝は、自分たちが持っていたものを集めて得たのでなく、この1年間に育てたものを集めて得たところに、価値があるんだと言いたいんです。
『最後の行事の総合優勝はとても価値があります!!』

> おはよう ございます！
>
> 昨日は準備を よくやっていたので、
> 高柳先生が とても 誇めてくださいました。
> 今日の 卒業式では 主役の3年生の為に、
> 感謝の気持ちを込めて 背筋をのばして
> のぞみましょう。 最高の 脇役として……。

2009年 **3**月**14**日（土）
Saturday

今日はいよいよ卒業式です。昨日は全校あげて卒業式の準備でした。
やっぱり「行事は人を成長させる」のだと思いました。
『昨日は、準備をよくやっていたので、高柳先生がとても誇めてくださいました。今日の卒業式では、主役の3年生の為に感謝の気持ちを込めて、背筋をのばしてのぞみましょう。最高の脇役として……。』

> おはようございます。
> 今日はいよいよ卒業式。
> 部活や委員会等でお世話になった先輩に大きな歌声でお返ししてください。
> 私は自分の長女の卒業式に出席してきます。申し訳ないですがお休みさせてもらいます。今日は母親してきますので、留守を頼みますね。

今日の日程
8:00 登校完了
8:05 朝清掃
8:45 在校生入場
　　（歌練習）
＜卒業式＞
11:45 卒業生の勧送
（部活がある部はお弁当を食べて活動）

2009年 3月 14日（土）
Saturday

「教員の親子は可哀想だ」とよく言われます。教員は自分の子どもの学校行事に行けないことが多いからです。担任している生徒と学年が違って幸運でした。

『私は自分の長女の卒業式に出席してきます。申し訳ないですがお休みさせてもらいます。今日は母親してきますので、留守を頼みますね。』

2009年 **3**月**14**日（土）
Saturday

自分がこれから体験することを想像することは難しいが、生きてる限り確実に来る将来は、きちんと想像し、目標を持たなければなりません。今日はその良い機会です。
『今日は卒業式。君たちもあと二年するとこの三尻中を旅立ちます。中学生という多感なこの時期に、その人の性格が築かれていきます。そして、どう築くかは、各自に任されるのです。将来その結論が出るのです。』

> おはよう
> 土曜日は 素晴しい
> 卒業式でしたね
> 先輩の 歌声 姿勢…
> 君達も 二年後には…
> 小さな努力を重ね
> 成長していこう
> 今日は 生徒朝会です

2009年 3月 17日（火）
Tuesday

　卒業式は、来賓のごあいさつのなかで「今まで私が出席した卒業式の中で最高の卒業式だと思います」とお褒めの言葉をいただけるほど立派でした。
　もちろん卒業生の頑張りが大きな力でしたが、在校生の頑張りも一助になりました。
　例えば1年生は、予行の時より大きな声で歌が歌えました。
　狭い会場で椅子と椅子の間隔が狭いにも関わらず、我慢して式中は動かないようにできました。

> ハンバーグは
> おいしかった
> 一生懸命 協力して
> つくった
> なおさら
> おいしく感じる

2009年 3月 18日（水）
Wednesday

東京電力から講師の方を迎え「エコクッキング」が行われました。その講師の方々から「三尻中の生徒はまじめに取り組んでくれて楽しくできました」とお褒めの言葉をいただきました。東京電力の講師の方々は多くの学校を回っていらっしゃるので、その先生方からお褒めの言葉をいただけたのは、より大きな価値があります。

> おはようございます
> 国語係の新藤君、末石君によって
> 書き初めもはずされました。
> いよいよ学年末です。1つ1つやり
> 残しのないように！

2009年 3月 19日（木）
Thursday

いよいよ年度末、1学年の修了まで、あと1週間ほどになりました。どの教室でも1年の締めくくりに余念がありません。少しずつ掲示物などが片付けられていくのには、一抹の寂しさが漂います。

2009年 3月19日（木）
Thursday

各クラスとも、クラスの解散を控え、思い出づくりに、工夫を凝らし取り組んでいます。実行委員会を組織し、お別れ会を行うクラスもあります。ゲームのチーム分けでしょうか、黒板にメンバー表が発表されています。

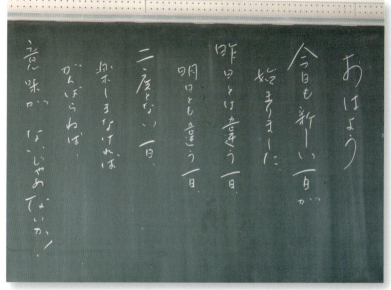

おはよう
今日も新しい一日が
始まりました
昨日とは違う一日
明日とも違う一日
二度とない一日
楽しまなければ
がんばらねば、
意味が ない じゃあ ないか！

2009年 **3**月**19**日（木）
Thursday

「一日一日を大切に」と、ことあるごとに生徒に対して言ってきました。毎年のことですが、年度末の3月下旬になると、その意味することが、より一層自分にも重くのしかかってきます。

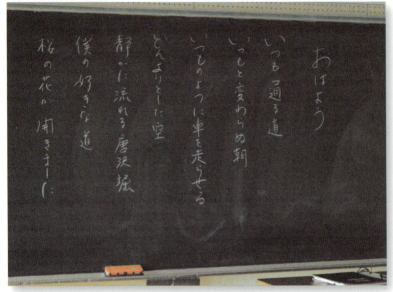

2009年 3月24日（火）
Tuesday

1年生の修了まであと3日、この時期はいつもいつも複雑な心境になります。

クラスの子どもたちとの別れの寂しさ、1年間無事に過ごせた安堵感、来年度への希望、等々入り交じっています。

そんな心境で見る通勤路は……

『いつも通る道　いつもと変わらぬ朝　いつものように車を走らせる　どんよりとした空　静かに流れる唐沢堀　僕の好きな道　桜の花が開きました』

> おはようございます。
>
> 机が大変ていねいに整とんされていて気持ちがいいですね。
>
> 今日は大清掃。1年間お世話になった机、いす、ロッカー、教室をていねいに磨き上げましょう。

2009年3月25日(水)
Wednesday

いよいよ明日は修了式です。1年間みんなで力を合わせ、つくり上げてきたこのクラスともお別れです。教室も私たち色に染めてきましたが、真っ白にして後輩に渡さなければなりません。

2009年 3月 31日（火）
Tuesday

26日（木）が1年生の修了式の日でした。生徒達が体育祭の時のように、クラスメイトや担任へ感謝のメッセージを、担任より早く黒板に書いてしまいました。
担任は、黒板を子どもたちに譲って朝のメッセージは書かないことに決めたようでした。担任のメッセージではないので撮影しないでいましたが、年度末の31日までそのまま残っていました。5組担任は年度末なので消したようでした。

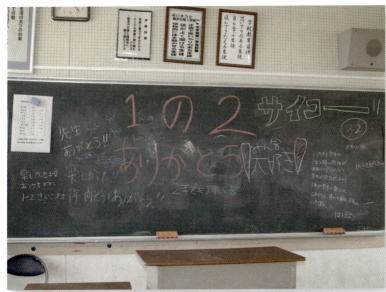

2009年 **3**月**31**日（火）
Tuesday

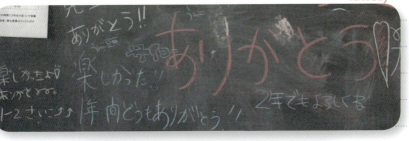

2009年 **3**月**31**日（火）
Tuesday

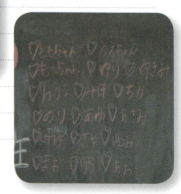

2009年 **3**月**31**日（火）
Tuesday

2009 年 3 月 31 日 (火)
Tuesday

お　わ　り　に

　三尻中学校に赴任して最初の学年会は驚きでした。学年の役割分担がどんどん決まります。誰もが大変だ、やりたくない、嫌だと思うような分担も積極的に立候補が出て決まっていきます。これなら良い学校がつくれるなと実感したのが思い出されます。

　入学してきた生徒たちは、三尻中学校を良い学校にしようと一所懸命頑張っていました。それが続けられるよう書いた学年便りの、生徒の記事の後に「先生方も負けてはいません。入学式にメッセージを書くことは普通にありますが、2日目にも書くことはあまりありません。でも全員の先生が2日目も書いてくださいました。しかも、話し合ったわけでもないのに、全員の先生が書いてくださったところがスゴイでしょ!」と書いちゃいました。

　この記事で、担任は朝の黒板をやめられなくなっちゃいました。担任には大変な負担増でした。私は、先生方に余計な負担を与えてしまったと、申し訳なさと、後ろめたさにさいなまれましたが、先生方は不平不満を言外にさえ出しませんでした。

　そこから、学年についたあだ名が「鉄板の学年」でした。学年職員のまとまりの良さから「鉄板のようにかたく1枚になっている学年」→「鉄板の学年」となった次第です。以来「鉄板の学年」は私たちの合い言葉になり、子どもたちとの3年間の励ましになりました。朝の黒板も3年間全担任が続けられました。「どこに出しても恥ずかしくない卒業生になった」と担任の誰もが心底思いながら、子どもたちを卒業させることができました。

　今思うと、朝の黒板の教育効果なんて、学年の誰もねらっていなかったように思います。あえてねらっていたのは「継続は力なり」を身をもって教えるでした。本にする作業で、子どもたちがどんなに頑張っていたか、担任がどんなに子どもたちに力を入れ、一所懸命関わろうとしていたかに改めて気づかされました。このことはきっと子どもたちにも伝わっていたに違いありません。その子どもたちと担任との大きな努力が「どこに出しても恥ずかしくない卒業生」にしたのは間違いありません。そんなところをこの本から感じていただけたなら幸いです。

　出版できて、担任の先生方に対してようやく責任が果たせたような気がして、肩の荷がおりました。今になって、「朝の黒板は子どもたちにとって何だったのか」が気になってきました。成人式の日に会えるので、聞いてみたいと思います。　〈田中〉

221

1組
根本 恵美子 先生（体育）

2組
岩本 浩美 先生（英語）

3組
中川 智行 先生（理科）

4組
橋本 久江 先生（数学）

5組
黒澤 正之 先生（社会）

学年主任
田中 茂 先生（技術）

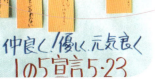
仲良く！優しく 元気良く
1の5宣言 5・23

三尻中学校
2010年度卒業の読者は
カバーを外してみてください……

朝の黒板3年間のDVDを頒布します。

この担任たちは生徒たちが卒業するまでの3年間にわたり、朝の黒板を続けて参りました。そして、この本に採用した朝の黒板は生徒が1年生時の抜粋です。

他の朝の黒板も見てみたいとお考えの皆様には、幸いにもそのすべての記録がありますので、ご希望の方に下記の要領によりDVDにて頒布させていただきたいと考え

ております。

ご希望の方はお手続きいただけたら幸いです。なお、担任5名の内1名は2年生終了時に異動になってしまったので、3年時も新たな1名を加えて5名の担任で取り組みましたが、3年時のデータは残る4名のみとなります。

1・申し込み方法　　DVD1枚につき1000円を現金書留にて申込先まで送付する。
2・申込先　　　　　〒369－1246　深谷市小前田1451　田中 茂
3・DVD頒布方法　　メール便にて発送します。送付先が現金書留の差出人と異なる場合は、送付先を明記した上でお申し込み下さい。

三尻中・鉄板の学年　**朝の黒板**　2008年度全担任の取り組み

2015年11月8日　初版第一刷発行

著　　　者	根本恵美子　岩本浩美　中川智行
	橋本久江　黒澤正之　田中茂
発 行 人	佐藤裕介
編 集 人	冨永彩花　遠藤由子　岩岡潤司
発 行 所	株式会社 悠光堂
	〒104-0045
	東京都中央区築地 6-4-5 シティスクエア築地 1103
	TEL 03-6264-0523　FAX 03-6264-0524

ブックデザイン	中村佐由利
先生イラスト	山国瞳
印　　刷	株式会社 シナノパブリッシングプレス

Shigeru Tanaka ©2015　Printed in Japan
ISBN978-4-906873-53-1　C0037
無断複製複写を禁じます。定価はカバーに表示してあります。
乱丁本・落丁本はお取替えいたします。

友の会出版会